대한민국 특공무술 역사

(특공무술 역사적 사실과 증언 그리고 자료에 근거한)

염대관 저

사) 대한민국 606 & 27 전우회
사) 대한민국 특공무술협회

The History of Korean Teukgongmusul
(Besed on Historical Records and Testimonies)

도서출판 진영사

특공무술 역사적 사실과 증언 그리고 자료에 근거한

대한민국 특공무술 역사

저자 염대관

2020년 06월 22일 초판 인쇄
2020년 06월 26일 초판 발행
발행인 박 진 영
발행처 도서출판
인천광역시 부평구 갈산동 185번지 풍진빌딩 303호
전화 : 032)505-4207
팩스 : 032)505-4206
E-mail : 0183734207@hanmail.net
등록 : 122-91-77317

ISBN 978-89-6541-493-3 93390
값 12,000원

특공무술 뿌리는 대한민국 특전사다.

또한 특전사가 창시부대이며, 특전요원들이 창시자이다.

“일격필살(一擊必殺)의 특공무술은 대한민국 특수전 사령부 특전용사의

피와 땀의 결실이 만들어낸 세계최고 최강의 전장무술이다!

머 리 말

대한민국 최초 대테러부대와 대통령 경호부대의 역사와 그들이 개발하여, 체계화하고 보급한 무술 역사 찾기를 진행하면서....

세상에는 많은 삶의 사연들이 있다.

그 많은 사연 중에는 우리가 역사라고 배우는 시대적 중요한 사연도 있고, 일상생활에서 만들어지는 소소한 삶의 이야기로 한 개인의 이야기도 있다.

필자는 왜?

역사는 정직해야 하며, 바르게 배워야 하는가? 하는 고민을 잠시 해보았다.

역사는 거짓이 아닌 사실이다. 그리고 소설이 아니라 사실이기 때문이다. 또한 역사는 과거와 현재 그리고 미래를 이어주는 생명줄이기 때문일 것이다.

옛 말에 호사유피(虎死留皮), 인사유명(人死留名)이라는 말이 있다.

호랑이는 죽어서 가죽을 남기고 사람은 죽어서 이름을 남긴다는 뜻이다. 그러나 정작 많은 사람들은 바람처럼 구름처럼 흘러 어디에서 왔는지 모르며, 어디로 가는지 모른다. 단지 우리라는 사람들은 현재에 잠시 왔다가 간다. 그 어디론가…

특수전 사령부 소속 대한민국 최초의 대테러부대인 대통령경호실 606부대와 대통령경호실 27특공부대는 지난 세월 속에서 많은 이야기를 만들어냈다.

피나는 훈련 속에서 대한민국 최초 대테러부대인 606부대 요원들은 다양한 종류의 새로운 훈련과목을 개발하여 체계화하였으며 보급하였다. 그리고 수많은 업적 중에 대표적인 대테러 작전기법과 현장에서 운용하고 있는 헬기레펠과 건물레펠 그리고 헬기공중탈출과 대테러사격 등 다양한 타격기법과 경호작전기법에 사용하고 있는 수행경호와 선발경호기법 그리고 다양한 경호사격 등 대테러작전과 경호작전에 필요한 무술인 특공무술이다.

특공무술이라는 명칭을 만들어 특공무술이라는 하나의 무술이 탄생하기까지 다양한 훈련경험과 위험한 현장 속에서 특공무술의 체계를 갖추었으며, 부대명칭이 변경된 후에는 대통령경호실 27특공부대 요원들은 탄생한 특공무술을 체계화하여 교본작업과 특수전사령부 제5공수여단을 비롯하여 여러 군 작전부대와 경찰 그리고 경호기관에 보급을 통하여 특공무술의 시작을 알렸으며, 특히, 대테러 606부대로부터 전수받은 제5공수여단 특전요원들은 군부대에 시범과 전파로 특공무술이 특전사에서 자리를 잡는 기회가 되었다. 또한, 특수전사령부에서 특공무술 교리 연구관임명과 교관단 집체교육, 단증발급, 전투능력 자격증제 도입 등의 노력이 있었기 때문이다.

현재 40여년이 지난 지금 대한민국 대테러작전 수행능력과 경호작전 수행능력은 놀라운 성장을 하였으며, 현재의 기초석은 역시 대한민국 특수전 사령부소속의 특전요원들의 희생과 노력으로 시작되었으며, 지금도 특수전 사령부소속 특전요원들에 의해 발전을 거듭하고 있다. 그리고 결과적으로 국가안전과 사회공공안전, 개인안전에 지대한 공헌을 하고 있는 것이다.

저자는 대한민국의 대테러작전과 경호작전에서 606부대와 27특공부대의 역사 그리고 특공무술의 역사가 바로 서기를 희망한다. 그리고 이 책의 내용은 대한민국 특수전 사령부 소속의 최초 대테러 606부대 요원들과 대통령경호실 27특공부대 요원들의 당시 상황을 생생하게 전하기 위하여 문헌고찰과 대한민국 정부 정보공개 청구 그리고 심층면담 방법을 사용하였으며, 참여대상자와 개별면담을 통하여 녹취 및 질문지를 통해 심층적으로 연구 분석한 결과이며, 일부 역사적 견해는 저자 개인의 생각임을 밝힙니다. 또한 책 내용의 부족한 점에 대해서는 선배와 동료 그리고 후배님들의 충고와 조언을 겸허한 자세로 받아들이고자 합니다.

그리고 마지막으로 이 책이 만들어지기까지 적극적으로 협조해주신 진영사 사장님과 대통령경호실 606&27전우회, 대한민국 특전사동지회, 대한민국 재난구조협회, CPR교육단, 대한민국 ROTC 특전동지회, 특전태권도 회원여러분들 그리고 대한민국 특수전사령부 검은베레 특전요원들과 사) 대한민국 특공무술협회 임직원분들에게 감사드립니다. 끝으로 항상 곁에서 믿고 응원해준 사랑하는 가족들에게 고마움을 전합니다.

2020년 6월 1일

경호보안학 박사 염대관

목 차

표 목 차

사 진 목 차

개 요

특공무술(特攻武術)이란 일격필살(一擊必殺)의 전장무술이다.

상대를 공격(攻擊)하기 위(爲)한 공격기술과 공격해오는 상대방을 방어하는 방어(防禦)기술로 자신의 신체와 각종 관련 무기를 다루는 현대융합무술로 실전성이 뛰어난 일격필살(一擊必殺)의 전장무술이 특공무술이다.

특공무술은 우리의 인체를 과학적으로 활용하여 주요 신체 부위의 일부 또는 전체를 공격용 및 방어용 무기로 사용하는 무술이며, 특공무술의 특징은 우리 인체의 내 · 외적인 힘을 한 곳으로 집중시켜 상대를 완벽하게 무력화시키는 일격필살(一擊必殺)의 실전성에 있다.

특공무술은 우리나라 최초로 현직대통령이 비밀리에 운영한 대테러606부대 요원들에 의해서 시작되었고 이후, 대통령 경호실 27특공부대 요원들에 의해 체계화되고 보급하였으며, 특수전사령부 제5공수여단에 의해서 전시무술로 인정받고 특전사 특공무술교관단에 의해 군에 보급한 무술이다.

대한민국 최초의 대테러부대인 606부대 창설은 1975년 박정희 대통령이 한국 내 대테러부대의 필요성을 느끼면서 계획되었다. 박정희 대통령이 한국에도 대테러부대의 필요성을 느끼고 있던 중 당시 영국 런던에서 개최된 세계 대테러대책회의에 김택수(후에 부대장), 김진영(후에 육군참모총장)등을 참석시켜 대테러대책에 대한 필요성과 중요성에 대한 보고를 받고 대통령경호실 전두환 작전차장보의 건의로 차지철 경호실장이 박정희대통령에게 보고 및 건의하였고, 박정희대통령이 승인하는 절차가 있었다. 그리고 대테러 606부대는 1977년 10월 20일 임무수령 당시부터 대통령 경호실에 배속되어 극비 프로젝트로 비밀리에 운영되었으며, 1978년 6월 1일 공식적으로 대테러부대가 창설되었다.

대한민국 최초 대테러 606부대는 대한민국 특수전사령부(이하 특전사) 소속 최고의 요원들로 선발해 운영한 부대이다. 606부대 요원들은 다양한 격투 종목의 무도와 무술의 고수들로, 실전에서 이들에 대적할 만한 사람이 없을 정도였으며, 당시 최고 정예의 엘리트 요원들이었다.

1979년 10월 26일 박정희 대통령시해 사건이후 최규하 국무총리(대통령권한대행)의 경호는 대통령 경호실에서 맡았고, 1979년 11월 606부대 요원들에 대하여 자세히 알고 있던 전두환 합동수사본부장은 대테러 606부대를 합동수사본부에 작전 배속하였다. 이후부터 대테러 606부대가 전두환 합동수사본부장 경호를 전담하였으며, 당시 전두환 본부장의 경호와 합동수사본부, 보안사령부, 중앙정보부 등에 배치되어 경호, 경비, 보안을 담당하였다.

당시 전두환 합동수사본부장의 경호와 동시에 합동수사본부, 보안사령부, 중앙정보부 등에 배치되어 활동하기 시작했으며, 보안사예하에 있는 보안교육대 특별과정 교육수료 후 그 당시 합동수사본부장 및 국가보위상임위원회장 경호를 담당하였으며, 추후 대통령 경호실 소속으로 바뀌면서 임무를 수행하였다.

대테러 606부대의 명칭은 1980년 11월 12일 대통령 경호실 27특공부대로 변경되었으며, 1980년 11월 15일 부대는 부대개편 및 증편되었고, 27특공부대는 2개 특공대로 나뉘어 1개 특공대에 3개 팀으로 편성되었다.

대통령 경호실 27특공부대 요원들은 대통령의 그림자 경호와 대테러임무를 담당하였으며, 이들을 지원하는 지원부서와 훈련장소를 김포공항 내 별도의 부대장소를 두고 각종 훈련을 실시하였다. 또한 청와대 내에 별도의 숙소와 훈련장소를 두고 대통령 경호안전에 24시간, 365일을 요원들이 항시 경호팀과 비상시를 대비한 번개팀인 대테러팀을 운영하여 만약의 비상상황에 비상대기를 하고 있었다.

대통령 경호실 27특공부대는 1978년 6월 1일부터 1993년 3월14일 까지 약 16년 동안 대통령의 1선에서 수행 및 근접경호 임무를 수행하였으며, 대통령 경호실 27특공부대는 대통령 경호실 특공대로 불리기도 했다. 당시 대통령 경호실 내에서 유일한 중무장부대이기도 했으며, 유일하게 폭약과 수류탄 등 중화학 보조 장비도 가지고 경호임무에 임했다.

대통령 경호실 27특공부대는 대통령 경호실의 보호를 받는 국내, 외빈에 대한 주요 요인에 대한 경호임무 및 대테러 작전 등을 수행했으며 당시 대통령이 가장 신뢰하던 최 근접 경호요원들이었다.

특공무술 시초는 대테러606부대 요원들의 임무수행에 적합한 무도를 찾던 중 임무수행에 적합한 동작들을 구성한 것이다. 대테러606부대는 최초임무인 항공기작전, 건물작전 등과 같이 좁은 공간에서의 작전과 단 한 번의 기회에 테러범을 살상 · 제압해야 했기에 이에 적합한 무술을 만들고자 했으며, 고도의 기술들이 필요했던 만큼 다양한 장비와 다양한 종목의 술기들을 접목하여 요원들이 임무수행 중에 활용할 수 있도록 무술을 개발했는데 이것이 바로 특공무술이다.

이러한 '특공무술'의 명칭은 누군가의 지시나 명령에 의한 것이 아니라, 대한민국 최초의 대테러606부대 특공요원들이 자체적으로 결정하여 사용하기 시작한 것이다.

즉, 특공무술은 대테러 606부대 요원들이 상부의 실전무술 개발을 지시 받아서 만든 것이 아니라, 요원들 자체적으로 특공무술의 필요성과 중요성을 인식하고 결정하여 만든 무술이며, 특공무술의 명칭 또한 606부대 요원들의 의견수렴과 협의에 의해 부대장이 결정하였다. 부대 내 자체적으로 명칭을 특공무술로 정한 이후, 연무관에서 차지철 경호실장 주관 시범을 실시하면서 당시 대테러 606부대장인 고(故) 김택수 부대장이 차지철 경호실장에게 특공무술 무명(武名)을 보고하였다.

그리고 시범 이후 당시 차지철 경호실장이 대통령에게 보고하였으며 이를 박정희 대통령이 승인하여 606부대 요원들이 만든 무술의 이름이 특공무술로 확정된 것이다.

특공무술은 대테러 606부대원들에 의해서 시작되었고, 이후 대통령 경호실 27특공부대 요원들에 의해서 그 체계가 형성되고 발전되었으며, 606부대 5차 시범에서 1979년 6월 12일 장소 : 청와대 연무관 시범 : 606부대원 참관 : 박정희 대통령외 60명 등 참석자들에게 시범을 실시한 후 박정희 대통령은 차지철경호실장을 통하여 특전사에 특공무술을 전파하라는 지시가 있자 당시 특수전사령관은 대테러 606부대에 지시하여 근거리에 위치하고 있던 제5공수여단에 특공무술을 전파하도록 하였으며, 이는 특공무술 전파에 초석이 되었다.

정치적 격동기인 1979년 10월 26일 박정희대통령 시해사건과 1979년 12월 12일 일명 12.12사건으로 인하여 특공무술 또한 잠시 중단되었다가

당시 3대 특전사령관 정병주소장(74.12.10~79.12.13)에서 신군부세력인 4대 특전사령관 정호용중장(79.12.13~81.03.04)과 5대 특전사령관 박희도중장(81.03.04~82.11.10)으로 이어지면서 특전사령부는 정치적 혼란기에서 조금씩 안정을 찾아가면서 특공무술의 위력을 알고 있던 4대 특전사령관 정호용중장은 정치적 혼란기에 잠시 중단되었던 특공무술 훈련을 실시하도록 지시하였으며, 이에 제5공수여단 장기오여단장은 특전사령관 시범을 약 2개월동안 준비(1980.09.02.~1980.11.20.)하여 1980년 11월 21일 특전사령관 및 육본 참모부장, 각여단장을 대상으로 특공무술시범을 실시하여 전시 공격형 군대무술로 인정받았던 것이다. 이후 각 여단에서 특공무술 교관단을 선발하여 특공무술 집체교육을 통하여 특전사에 보급하였으며, 1980년 10월 전두환대통령을 대상으로 하는 대테러 606부대의 특공무술 시범을 통하여 전 군 보급 및 경호작전부대에 특공무술을 보급하라는 전두환대통령의 지시와 함께 특공무술은 빠른 속도로 보급되기 시작했다.

당시 대한민국 특수전사령부 제5공수여단장 장기오 장군은 특공무술을 대테러 606부대에 의해 교육 · 보급 받고 제5공수여단에서 부대원들에게 특공무술 훈련을 실시하였으며, 특공무술 시범을 준비하는 과정에서 특공무술의 전장 내 활용성을 높이기 위해 야삽, 소총 등을 활용한 일부 내용을 추가했으며, 특수전 임무수행상황에서 필요한 일부 술기들을 추가하는 등 기존 특전무술의 장점을 특공무술에 적용 · 개선하였고, 이를 토대로 시범을 실시했으며 이후 특수전 사령부 예하 여단에 보급하였다.

당시 1980년 9월 2일부터 11월 20일까지 약 2개월 동안 특공무술 집체교육을 통하여(특수전 사령부. 1980 : 162) 특전사령관, 각 여단장, 대대장, 작전참모 등이 배석한 가운데 "1980년 11월 21일, 사령관 및 육본 참모부장, 각 여단장을 모신 가운데 시범을 실시하여 전시 공격형 군대무술로 인정받았으며, 특전사 이

하 여단 교관 요원에 대한 집체교육을 2차례에 걸쳐 실시하여 이를 보급하였다" (특수전 사령부 부대사 1980). 전투에 필요한 군대무술로 단전호흡, 품새, 겨루기, 무기 사용법중 대검, 몽둥이, 소총과 낙법, 격파로 구성하여 시범을 보임으로서 각 여단의 교관요원 집체 교육 2회를 실시하여 특공무술을 각 여단에 보급하게 되었다.

그리고 대테러 606부대는 1980년 10월 전두환 대통령 시범에서 시범단장 제2대 오형근부대장, 시나리오 작성 조윤기 작전참모(당시 소령), 시범진행 고명승 대령, 시범 27부대요원이 특공무술 시범을 실시하였다. 청와대에서 전두환 대통령에 대한 특공무술시범이 끝나면서 이 자리에서 특공무술의 진가를 처음부터 알고 계시던 전두환 대통령이 처음으로 특공무술을 전 군에 전파할 것을 당시 4대 정동호 경호 실장(80.08~81.07)에게 지시하셨다.

그리고 1981년 4월 22일 제5대 5공수여단장 준장 홍은표 당시 육군본부 최초로 광장에서 제24대 육군참모총장 대장 황영시 배석 후 전투복, 전투화 착용상태에서 최초로 군복을 입고 특공무술 시범을 실시하였다. 이후 전 군 지휘관 및 관계자들에게 시범을 보이고 제5공수 여단이 전 군에 특공무술을 전파하는 계기가 되었다.

1996년에는 특수전 사령부에서 교리 연구관 8명에게 심사관 임명장을 수여하여 특공무술 승단 심사 및 지도 교육을 실시하였고, 대대 교관단 집체교육을 실시하였으며, 반기 1회씩 심사하여 사령관 명의 1단(퓨마급), 2단(표범급), 3단(호랑이급), 4단(사자급) 자격으로 특공무술을 실시하고, 평가하고 그리고 단증도 발급했다. 또한, 군은 특공무술 도입 후 다양한 방법과 방안을 가지고 특공무술을 통한 군 기량을 향상시키기 위해 노력해왔고, 현재는 특공무술 야전 교범 발간 및 동영상 C.D 제작 등 다양한 방법으로 교육의 질 향상을 꾀하기 위하여 부단히 노력하고 있다.

특히, 2010년부터는 실전 격투술 및 살상기술 도입 후 훈련 체계 중 특공무술 훈련방법을 체계적으로 명시하여, 특전요원으로서의 기본 수련부터 살상기술 완성까지의 훈련 체계대로 교육하고 있다. 그리고 현재도 특수전사령부 특공무술 교관단들이 현대전에 맞춘 특공무술을 개선 · 보급하고 있다.

특공무술은 타 무술들과는 다르게 무술로서의 실전적인 기술들을 모아 군에서 군사용으로 개발되었으나, 군은 전장에서 활용 가능한 살상용으로, 경찰 · 경호기관은 범죄와 테러 현장에서 활용 가능한 제압용으로 그리고 일반 국민들은 위험으로부터 자신을 보호할 목적인 호신용으로 활용 가능하다.

특공무술은 주변 환경과 인체의 내 · 외적인 힘을 사용하여 공격과 방어함으로써 자신의 안전을 확보할 수 있으며, 개인의 신변 보호를 주 내용으로 하고 있기 때문에 일반인에게도 활용성이 뛰어난 무술이다.

본 문서의 자료 수집을 위해 문헌고찰과 대한민국 정부 정보공개 청구 그리고 당시 부대원들을 대상으로 심층면담 방법을 사용하였으며, 참여대상자와 개별면담을 통하여 녹취 및 질문지를 통해 심층적으로 조사하였다. 심층면담 참여자들은 특공무술의 시초인 대한민국 최초의 대테러 606부대 요원, 대통령 경호실 27특공부대 요원, 제5공수여단 특전요원, 대통령 경호실 경호요원, 특수전 사령부 특공무술 책임교관과 교관단, 특공무술 민간협회 단체장, 학계 교수진이다.

대한민국 최초의 대테러부대인 606부대와 27특공부대는 역사 속으로 사라졌으나, 당시 요원들이 만들어내고 발전시켜 현재에 이어지고 있는 특공무술은 요원들의 실전과 같은 훈련의 결과물이며, 이 결과는 대한민국 국민을 보호하고 국가의 안전을 지키기 위한 충정의 초석이 되었다.

또한 특공무술은 대한민국만의 현대 무술로 탄생한 무술이며 그 실용성과 유용성 등 융합무술로서 다양한 장점을 가지고 있으므로, 지금부터라도 특공무술인들 또한 특공무술역사의 재인식 · 재정립과 특공무술의 발전방안 모색 등 많은 노력을 기울여야할 것이다.

결론적으로 특공무술의 뿌리는 대한민국 특전사다.

또한 특전사가 창시부대이며, 특전요원들이 창시자이다.

일격필살(一擊必殺)의 특공무술은 대한민국 특수전 사령부 특전용사들의 피와 땀의 결실이며, 세계최고 최강의 전장무술이다!

1. 대한민국 특수전 부대 역사

대한민국 특수전을 담당하는 부대는 역사적으로 대한민국의 위기로부터 시작되었고, 국가위기를 극복하기 위한 방안으로 육군 특수전 사령부령[1])으로 설립근거를 가지고 특수하게 편성된 부대이다.

특수전 요원들의 임무는 유사시 육지, 바다, 공중의 다양한 루트로 적진에 깊숙히 침투하여, 게릴라전, 정찰, 정보수집, 직접타격, 요인암살 및 납치, 인질구출, 주요시설 파괴, 항폭유도, 민사심리전 등 각종 비정규전을 수행하는 것이다. 구호는 "안 되면 되게 하라!", "귀신같이 접근하여, 번개같이 타격하고, 연기같이 사라져라"이다. 전시에는 주한 미군 특수 작전 사령부과 병합되어 통합 비정규전 임무대(Combined Unconventional Warfare Task Force; CUWTF)로서 작전을 개시하게 된다. 그리고 한국 특전사 사령관은 통합 비정규전 임무대의 사령관으로 지정된다(위키백과, 2015).

김환기, 양욱, 박희성(2014)은 특전사[2])는 대한민국 육군에 편성된 유일한 특수부대다. 특수한 임무를 띠고 있고, 특수한 작전을 수행하며, 특수한 훈련을 거친 군인 중의 군인들로만 구성된 군대가 특전사다. 영미를 비롯한 선진국들의 특수부대는 우리보다 훨씬 긴 역사를 자랑하지만, 현재의 전투력만으로 따진다면 우리나라 특전사야말로 세계최고 최강이다. 우선 특수부대는 문자 그대로 특수작전을 수행하는 부대를 말한다. 이들은 전선을 뛰어넘어 적의 후방으로 침투한 뒤

1) 제1조 (설치와 임무) 육군의 특수전을 수행하기 위하여 육군에 육군특수전사령부(이하 "사령부"라 한다)를 둔다(출처: 위키백과).

2) 육군특수전사령부(陸軍特殊戰司令部, 영어: Republic of Korea Army Special Warfare Command, ROKA-SWC, Republic of Korea Army Special Forces, ROKA-SF)는 대한민국 육군의 특수부대로, 흔히 특전사 또는 블랙베레(Black Berets)라고 줄여서 부른다. 3성 장군(중장)이 지휘한다. 검정색 베레를 쓴다(출처: 위키백과).

암살, 폭파, 구출, 폭격유도 등의 임무를 수행하는 작전을 보통 비정규작전이라 하고 이런 비정규적이고 특수한 작전을 수행할 목적으로 만들어진 부대가 바로 특수부대이다.

군대가 존재하는 것은 한 국가의 존망이 위협에 처했을 때 이에 대처하고, 사전에 그런 위협을 제거하기 위함이다. 그런 군대 중에서도 비장의 카드로 숨겨둔 부대가 특수부대이고, 우리나라의 경우 1958년 창설된 특전사가 바로 그런 부대다. 8240부대 일명 켈로 부대는 미군에 의해 우리나라에서 최초로 조직된 게릴라 부대이자 특수부대였다. 6.25전쟁 당시 미국 극동군 특수전 사령부가 한반도 전역에서 운영했던 부대로 일명 켈로(KLO), 동키, 올프팩 등으로도 알려져 있다. 미 극동군 특수전 사령부가 적의 후방에 조직한 게릴라 부대이자 북한 지역 출신자 위주로 한국에서 최초로 만든 특수부대가 바로 8240부대이었다. 이 부대원들 가운데 일부는 뒷날 오늘날의 특전사를 창설하는 핵심 전력이 되었다.

우리 군은 6.25전쟁 이전인 1948년부터 특수부대의 창설을 위한 연구를 시작했다. 그러나 연구가 미처 성과를 내기도 전에 6.25전쟁이 발발하면서 특수부대의 창설은 전쟁 이후로 미뤄졌다. 1958년 4월 1일 제1전투단(최초의 공수부대)이 용산에서 창설되었고 당시 2개 대대 규모로 창설된 제1전투단에는 8240부대 출신 장교 20여 명과 일부 병사들이 기간요원으로 합류했다. 제1전투단 대원들은 창설 보름 만인 4월 15일부터 일본 오키나와에 있는 미 육군 특수부대(일명 그린베레(Green Beret)) 제1전투단 교육대에서 공수 및 특수전 교육을 받았다. 이들은 교육 이수 후 귀국하여 제1전투단에서 국내 최초로 공수기본교육을 실시하는 등 특수전 훈련 체계와 제도를 정비하는 데 크게 기여했다. 1959년 10월에 검은 베레의 제1공수특전단으로 개편되었다.

제1공수특전단은 창설 이후 대한민국 국군의 공수교육과 특수전 교육의 본거지였을 뿐만 아니라, 특수전과 관련해 공수교육 수료(1958), 한미연합훈련(잠수함 해상침투훈련, 1960), 스키훈련(1963), 동계훈련(1965), 천리행군(1974년) 등의 훈련과 베트남 전쟁을 시작으로 동티모르의 상록수부대, 이라크의 자이툰부대, 레바논의 동명부대 등에 핵심 전력으로 편성돼 임무수행을 무사히 마치고 복귀하는 성과를 거두었다.

1969년 1월 18일에는 경기도 소사에 동해안경비사령부 소속의 제1유격여단이 창설되었으며 창설 직후 강원도 삼척에 주둔하다가 1970년 11월 27일 현재의 서울 송파구 거여동으로 이전했다. 제1유격여단에 이어 1969년 2월 17일에는 경기도 수색에 제2유격여단이 창설되었고 이들은 전북 남원을 거쳐 인천 북구 산곡동으로 이전했다.

이렇게 1개 공수특전단과 2개 유격여단을 통합 지휘할 부대로 1969년 8월 18일 용산에서 새로 창설된 부대가 특수전 사령부, 약칭 특전사다. 특수전 사령부의 신설과 함께 기존의 제1전투단은 제1공수특전여단(독수리부대)으로 부대 명칭이 바뀌었다. 그러나 제1, 2유격여단은 명칭을 바꾸지 않은 채 한동안 그대로 기존의 부대명칭을 사용했다.

1972년 8월 1일 특수전 사령부는 인천의 부평을 떠나 제1유격여단이 있던 송파구 거여동으로 이전하게 되었다. 이어 특수전 사령부 예하 부대 명칭의 일관성을 위한 부대 명칭의 변경이 있었다. 이에 따라 1972년 9월 20일부터 제1유격여단은 제3공수특전여단(비호부대)으로, 제2유격여단은 제5공수특전여단(흑룡부대)으로 명칭을 변경했다.

이렇게 통일된 명칭의 3개 여단 체제를 갖추게 됨으로서 특전사는 명실상부한 대한민국의 특수부대이자 독립적인 부대로 거듭나게 되었다. 1960년대 말에서 1970년대 초는 베트남 전쟁이 한창이던 시기이며, 이때는 파병부대에 배치되어 정찰과 척후 등 핵심 임무를 수행했다[3]. 1974년 10월 1일 제7공수특전여단(전북 익산, 천마부대)과 제9공수특전여단(인천 북구, 귀성부대)이 동시에 창설되었고, 이어 1977년 7월 1일에는 제11공수특전여단(화천, 황금박쥐부대)과 제13공수특전여단(증평, 흑표부대)이 창설되었다. 이로서 특수전 사령부 예하7개 여단 체제가 완성되었다. 1980년대에는 특수전교육단과 더불어 1981년 4월 17일 707대테러특수임무대대[4]로 창설되었다.

---

3) 베트남전쟁시 한국군의 해 · 공군 및 특수작전". 국방일보. 2011-03-08. 2012-3-16.

4) 평시엔 대테러 작전이 기본 임무이고, 전시엔 X파일이라고 내부적으로 불리는 비밀작전을 수행하는 특수임무를

707대테러특수임무대대는 12.12 사태 당시, 신군부의 반대편에 섰던 당시 정병주 특수전 사령관을 최세창 3공수특전여단장이 체포한 사건에 의해, 신군부가 지휘관이 직접 지휘할 수 있는 전투 부대를 보유할 필요성을 느낌과 동시에 올림픽 개최지가 서울로 확정됨에 따른 한국 정부의 "국가 대테러활동지침"에 따라 1981년에 707특수임무대대를 특전사령관 직속부대로 창설했다. 그리고 1981년 4월 17일 창설된 707특수임무대대장은 초대 김두청(육사 24기/대령/81.03.23~82.06.25) 대대장이었다. 그 후 1986년 아시안 게임과 1988년 하계 올림픽을 준비하면서 처음으로 외부에 공개되었다. 1980년대엔 여러 무장 인질극 사건에 투입되어 임무를 성공시켰다. 특히 1986년 12월 3일의 서용운 중사 추풍령 무장 탈영 인질극 사건[5]이 유명하다.

특전사령부의 부대단위는 군단이며 특전사령관 역시 보직분류상 군단장으로 분류된다. 현재 예하 부대로 6개의 공수 특전 여단(준장 지휘)과 1개의 단(대령 지휘) 있다. 각 여단은 4개의 대대로 구성되어 있으며, 다시 각 대대는 소령이 지휘하는 3개의 지역대 단위로 나뉜다. 지역대는 각 인원이 약 10명 안팎인 5개의 중대로 구성되어 있다. 특전사에선 중대를 팀이라고도 부른다(위키백과, 2015).

청와대에는 1968년 1월 20일 무장간첩 침투대책 강구로 야간경비강화를 실시하였으며, 1월 21일 북한측의 김신조 외 30명의 무장공비 청와대습격 미수사건으로 3월 30일 대통령경호실법시행령 개정을 통하여 청와대 방어계획 및 보안활동 강화 등 시설, 편제 및 계속되는 사건 그리고 1974년 박정희 대통령 시해 미수사건 및 육영수여사 저격사건과 정치적 상황변화에 대응하여 군부대를 파견, 배속 받는 등 군 작전 요소의 증편 및 경호기능 직제 확대 편성 등으로 당시 특전사령부에서 청와대에 경비임무로 작전 배속되어 있던 제1공수여단 제66특전대

가지고 있다. 1980년대엔 국내의 각종 무장인질극 사건들에도 707부대가 투입되었으나, 1990년대 이후에는 대한민국 국내에서 일어나는 대테러 및 치안 업무는 경찰특공대에게, 707은 대한민국 국적을 가진 국외 거주민을 대상으로 한 테러 사건을 담당하도록 역할이 분담되었다(위키백과).

5) 이 사건은 해병대 서용운 중사가 시외버스 승객 19명을 인질로 잡고서 버스 안에 크레모아를 설치해놓고 M16 소총으로 무장한 채 이혼한 아내를 데려와줄 것을 요구하며 인질극을 벌인 사건으로 이 사건은 707 대원들이 투입됨으로써 해결되었고 서용운 중사는 707 특임대원의 총탄에 맞아 사살되었다(출처: www.naver.com).

대가 있었다(대통령 경호실, http://www.pss.go.kr 2015).

현재 특전사는 국가적 차원의 행사나 재난이 발생할 때마다, 혹은 국내를 넘어 해외에서도 도움이 필요할 때마다 적시에 나타나 가장 중요한 역할을 조용하고도 완벽하게 처리함으로서 국민들의 신뢰를 받는 최강의 군대로 인식되고 있다. 대한민국 육군 특수전 사령부 연혁은 아래 〈표 1〉과 같다.

〈표 1〉 대한민국 육군 특수전 사령부 연혁

순서 명칭	창설 연도	부대명(공수여단)	운 영	비 고
1	1948.	8240부대	미국 (6.25당시)	일명 켈로부대
2	1958. 04. 01	제1전투단	용산	창설
3	1958. 04. 15.	제1전투단	일본 오키나와/그린베레	공수교육/ 특수전교육
4	1958. 04.	제1전투단		공수교육
5	1959. 10	제1공수특전단		개편
6	1960.	해상침투훈련		
7	1963.	스키훈련		
8	1965.	동계훈련		
9	1969. 01. 18	제1유격여단	동해안경비사령부소속 강원도 삼척 주둔	창설
10	1969. 02. 17	제2유격여단	전북남원에서 인천북구 산곡동 이전	창설
11	1969. 08. 18	1공수특전단과 2개 유격여단	용산/특수전사령부 (약칭 특전사) 창설	통합
12		특수전 사령부	신설	용산
13		제1전투단을 제1공수특전여단	독수리부대	명칭 변경
14	1970. 11. 27	동해안 경비사령부	송파구거여동	이전

순서 명칭	창설 연도	부대명(공수여단)	운 영	비 고
15	1972. 08. 01	특수전 사령부	인천부평에서 송파구거여동	이전
16	1972. 09. 20	제1유격여단을 제3공수특전여단	비호부대	변경
17		제2유격여단을 제5공수특전여단	흑룡부대	변경
18	1960년대 말 ~1970년대 초	특수전 사령부	(정찰, 척후 등 핵심임무수행)	베트남 파병
19	1974.	천리행군		
20	1974. 10. 01	제7공수특전여단	천마부대 전북익산	창설
21		제9공수특전여단	귀성부대 인천북구	창설
22	1977. 07. 01	제11공수특전여단	황금박쥐부대 전남담양	창설
23		제13공수특전여단	흑표부대 충북증평	창설
24	1977. 10. 20	대테러 606부대	서울 (대통령경호실)	임무수령
25	1978. 06. 01	대테러 606부대	서울 (대통령경호실)	창설
26	1980.	특수전 교육단	경기 광주	창설
27	1980. 11. 12	27특공부대	서울 (대통령경호실)	명칭변경
28	1981. 04. 17	707대테러 특수임무대대	송파구 거여동	창설

출처: 염대관(2015)

2. 대한민국 최초 대테러 606부대 창설배경

대한민국 최초 대테러부대 창설은 1975년 박정희 대통령이 대한민국에도 대테러부대의 필요성을 느끼면서 계획되었다. 대한민국 최초 대테러부대는 1977년 10월 20일 임무수령 후 1978년 6월 1일 창설된 대테러 606부대는 특전사령부에서 최고의 요원들을 선발해 운영한 부대이다.

〈사진 1〉 대통령경호실 제606부대 현판식

출처: 대통령 경호실 606&27전우회

대한민국 최초 대테러 606부대가 창설되기 전 시대적 상황으로는 1차 사건) 1970년 3월 31일 일본 적군파 요도호(일본의 호수이름) 납치로 김포공항에 불시착한 일본 JAL 항공기 납치사건과 2차 사건) 1976년 8월 18일 판문점 도끼 살인사건 그리고 3차 사건) 1977년 10월 13일에 발생한 독일 민항기 루프트한자 181편(Lufthansa Flight 181) 납치사건이 있었다. 이러한 3번의 사건과 이전부터 박정희 대통령이 대한민국에도 대테러부대의 필요성을 느끼고 있던 중 당시 영국 런던에서 개최된 세계 대테러대책회의에 김택수(후에 대테러 606부대 초대 부대장), 김진영(후에 육군참모총장)등을 참석시켜 대테러대책에 대한 필요성과 중요성에 대한 보고를 받고 대통령경호실 전두환 작전차장보의 건의로 차지철 경호실장이 박정희대통령에게 보고 및 건의하였고, 박정희대통령이 승인하는 절차가 있었다. 그리고 606부대는 1977년 10월 20일 임무수령 당시부터 대통령 경호실에 배속되어 극비 프로젝트로 비밀리에 운영되었으며, 1978년 6월 1일 공식적으로 대테러부대가 창설되었다.

〈사진 2〉 부대 창설 기념행사(부대원)

출처: 대통령 경호실 606&27전우회

대한민국 최초 대테러 606부대 창설의 계기가 된 당시 국내 상황으로는 1970년 3월 31일 일본 적군파 요도호 납치로 김포공항에 불시착한 당시 일본 JAL 항공기 납치사건[6])으로 특수전 사령부 제1공수여단에서는 김포공항에 출동하였으나, 당시 대테러에 대한 관련 정보와 훈련이 전무한 상황이었기 때문에 어떠한 조치도 취할 수 없었던 사건과 1976년 8월 18일 판문점에서 일어났던 남북한 무력충돌에 이어 전쟁이 일어날 뻔한 사건[7])인 '판문점 도끼 만행', '판문점 도끼 살인사건(북한)', 'Axe Murder Incident' 또는 'Tree Cutting Incident(미국)'으로 불린 이 사건(https:// mirror.enha.kr /wiki) 그리고 당시 해외상황으로 1977년 10월 13일에 발생한 독일 민항기 루프트한자 181편(Lufthansa Flight 181) 납치사건 등 이러한 납치사건 등을 계기로 당시 전두환 작전차장보의 건의로 차지철 경호실장을 통해서 박정희 대통령에게 보고되고 박정희대통령의 지시에 의해서 창설[8])되었다.

당시 해외에서 발생한 1977년 10월 13일 루프트한자 여객기는 팔마데마요르카를 출발하여 프랑크푸르트로 가던 루프트한자 소속의 보잉 737-230Adv기(일명 란츠후트 호)로 이륙30분만에 승객86명을 태운 채 권총과 수류탄으로 중무장한 팔레스타인 해방인민 전선소속 4명의 테러범에 의해 공중 납치되었고, 사고기는 마르세유 상공에서 조하이르 유수프아카슈 등 팔레스타인인 2명과 레바논인 2명의 4명에 납치, 로마, 라프나카, 바레인, 두바이를 거쳐 아덴에 착륙했다. 범

---

6) 1970년 3월 31일 일본 적군파 요도호 납치, 김포공항 불시착
1970년 3월 일본 적군파가 일본의 JAL 항공기 요도호를 공중납치하여 월북·망명한 사건이 발생하였다. (출처: 국가기록원 http://www.archives.go.kr)

7) 1976년 8월 18일 판문점에서 일어났던 남북한 무력충돌에 이어 전쟁이 일어날 뻔한 사건이다. '판문점 도끼 만행'이나 '판문점 도끼 살인사건(북한)', 'Axe Murder Incident' 또는 'Tree Cutting Incident(미국)'으로 불린다(출처: https://mirror.enha.kr/wiki/)

8) 김택수의 구술증언. "박정희대통령이 우리나라에도 KAL(한항공)이 세계으로 확대해 나가기 때문에 Lufthansa납치사건이 일어날 수 있는데…해결할 수 있는 특수부대를 설치해야겠다.…박통령이 차 지철씨에게 메모를 썼어.…난 봤지. 박정희 대통령이 직접 친필로…종이에다가 딱 적어가지고 편성 까지 해서 딱 20명이 하도록 되어 있었어요.…일 년 동안은 아무한테도 얘기 안하고 박통령, 차지철, 전두환, 그 다음에 나. 이렇게 해서 알고 있는 거지…조종훈이가 많이 협조를 했는데…그 때 박통령이 개인 사비, 사비라기보다도 비밀자금, 그걸 별도로 제606부대한테 줬다고, 수당을. 그 수당은 경호실 자금도 아니고 박통령이 개별적으로 줄 수 있는 20명.…박통령 (개인)경비가 쓰이니까 (인원)늘리는 걸 굉장히 억제를 했다고, 차지철씨가.…"(출처: 김은정. 2008)

인들은 아덴에서 기장 위르겐 슈만(Jurgen Schumann)를 살해하고 부조종사 위르겐 비토르(Jurgen Vietor)에게 조종을 시켜 소말리아의 수도 모가디슈에 강제 착륙시키고 적군파(Red Army Faction) 재소자들의 석방을 요구했다.

이후 1977년 10월 18일 서독 정부는 독일의 대테러 특수부대인 GSG-9요원들이 사고기 기내에 진입하여 단 5분여 만에 납치범들을 제압하고 승객중 경상자 3명을 제외한 전원을 무사히 구출해냈다. 반면 테러범들은 4명중 3명은 사살, 1명은 중상을 입은 채 상황은 종료되었다(http://ko.m.wikpedia.org).

이러한 국내 · 외 상황의 영향과 대비책으로 1978년 6월 1일 대한민국 최초의 대테러 606부대가 박정희대통령 직속으로 대통령의 자금지원과 함께 비밀리에 운영하던 대한민국 최초의 대테러부대가 운영되었다.

그리고 1968년 1월 21일 밤 10시경, 북한특수부대 124군 소속 31명이 청와대를 습격하기 위해 서울 세검정까지 침입한 일명 김신조 사건[9]이후 남 · 북한의 대치국면 속에서 북한의 위협으로부터 대비하기 위하여 특수전 사령부에서 청와대 경비임무로 작전배속되어 있던 특수전사령부 제1공수여단 66대대는 청와대 경비임무로 배속되었던 대대이었다. 그 후에 1981년 4월 17일 특수전 사령부의 707대테러특수임무대대는 특수전 사령부 사령관 직속으로 운영되는 대테러부대이다.

또한 606부대는 66대대와는 전혀 다른 별도의 절차와 임무로 66대대는 청와대 경비임무를 위함이었고, 대테러 606부대는 특수전 사령부소속 예하 각 여단에서 전투력이 가장 우수한 요원들로 차출하였으며, 66대대에서도 극히 일부 한 · 두명의 뛰어난 요원을 대테러 606부대 요원으로 선발하기도 하였다.

특공훈련은 기본 체력훈련과 항공기작전, 건물작전을 포함한 각종 레펠 훈련과

9) 김신조 사건: 1968년 1월 21일 밤 10시경, 북한특수부대 124군 소속 31명이 청와대를 습격하기 위해 서울 세검정까지 침입한 사건이다. 이들 공비들은 우리 군경과의 격렬한 전투 끝에 30명이 사살되었고, 이들 중 생포된 김신조는 "박정희 목 따러 왔수다"라고 말해 TV를 지켜보던 국민들을 충격에 빠뜨렸다. 이 사건을 계기로 당시 박정희 정부는 4월 1일부터 향토예비군을 창설하였으며, 북에 대한 보복으로 평양의 주석궁을 습격하기로 하고 31명의 청년을 불러 모았다. 이들이 격리 · 수용되어 지옥 훈련을 받았던 곳이 인천 앞바다의 외딴 섬 실미도이다.(출처: 에듀윌 시사상식)

사격 그리고 특공무술 등 다양한 훈련을 실시하였으며, 대부분의 훈련은 최초로 실시되었고, 사용하는 화력장비 또한 김택수 부대장이 외국을 다니면서 직접주문해서 가지고 들어온 화기 및 장비들을 활용하기 시작했기 때문에 많은 시행착오와 부상도 감수했어야 했다. 당시 대테러 606부대 요원으로 선발된 요원들은 박정희 대통령의 직속으로 지휘를 받던 대한민국 최초의 비밀 대테러부대 요원으로 활동하였으며, 대테러 606부대의 소속은 대통령 경호실이었다.

우리나라 최초의 대테러부대 창설은 영국의 SAS[10], 독일의 GSG-9[11], 미국의 Delta Forcs[12]등의 전술과 장비를 연구하여 대테러작전을 위한 준비를 하게 되었으며, 1977년 10월 20일 최초로 대테러임무를 수령하여 1978년 6월 1일 육일명 제21호로 606부대의 8/57명으로 606대테러부대가 창설되어 대통령의 직속 명령을 따르는 부대로서 그 당시 창궐하는 국제테러에 대응하기 위하여 창설된 부대로 비밀리에 대한민국 최초 대테러작전을 임무로 하는 대테러 606부대가 창설되게 되었다.

10) 특수공정부대(特殊空挺部隊, 영어: Special Air Service; SAS)는 영국 육군의 주요 특수부대이다. 영국인과 프랑스인 자원자로 구성되어 북아프리카 전선의 적 후방에서 작전을 하기 위해서 1941년에 창설되었다. 세계 최초의 전문화된 특수부대로서, 오늘날 여러 다른 나라들의 비슷한 특수부대의 모델이 되었다. SAS는 특수주정 임무대(Special Boat Service; SBS), 특수 정찰 연대(Special Reconnaissance Regiment, SRR), 특수 부대 지원단(Special Forces Support Group; SFSG)와 함께 영국 특수부대(United Kingdom Special Forces)을 구성한다. SAS는 세계에서 잘 훈련된 특수부대로서 매우 유명하다(출처: 위키백과).

11) GSG 9 (독일어: GSG 9 der Bundespolizei)는 독일 연방 경찰에 소속된 대테러부대로서 부대 이름은 연방 경찰의 옛 이름인 국경 수비대 제9집단 (Grenzschutzgruppe 9) 의 약칭이다. 또 G9라는 약칭으로 불리기도 한다. 2005년 국경수비대는 연방 경찰로 조직 이름을 변경했으나, GSG 9라는 부대 명칭은 그대로 사용되고 있다(출처: 위키백과).

12) 특수부대 작전 파견대-델타(Special Forces Operational Detachment-Delta (Airborne))또는 육군 구성요소(영어: Army Compartment Elements)전투 적응단(영어: Combat Application Group)으로 델타 포스(Delta force)로 잘 알려져 있는 미국 육군의 티어1 대테러 부대이자 특수 임무대이다(출처: 위키백과).

〈사진 3〉 부대 창설 기념행사 (단상)

출처: 대통령 경호실 606&27전우회

대테러 606부대는 1977년 10월 20일 대테러임무를 수령하였으며, 1977년 12월 06일 최초 특공대 편성은 2/18명 김택수 장군(당시 중령)이 당시 대통령경호실장인 차지철 실장의 인가를 받아 편성되었으며, 77년 10월 20일 최초 임무수령 후에 그해 12월 6일날 특공팀을 편성했다. 그리고 1978년 03월 11일 2/52명으로 부대가 증편되었고, 부대가 78년 6월 1일 정식으로 606부대가 창설되었다.

대테러 606부대는 대한민국 최초의 대테러작전 수행을 위한 임무로 창설되었으며, 대테러 606부대의 훈련은 기본 체력훈련과 대한민국 최초의 항공기작전과 건물작전을 포함한 각종 레펠 훈련과 대테러사격과 특공사격 그리고 특공무술 등 다양한 훈련을 실시하였다.

대테러 606부대는 특수전 사령부 1977년 10월 20일 임무 수령 후 요원들을 각 여단에서 차출하여 1개 제대 지휘관 김종헌 장군(당시 소령), 이내춘(당시 대위), 박정호, 한경희, 손용덕, 조영식, 하주성, 정영춘, 김희용, 조성혁, 윤순석, 김윤호, 이동탁, 안성환, 이영하외 5명, 운전병 손영 등을 차출하여 이를 근간으로 편성된 우리나라 최초의 대테러부대로 대테러 임무를 수행하였다.

〈사진 4〉 대테러 606부대원

출처: 대통령 경호실 606&27전우회

그리고 이와 관련된 아시아경제(2014. 6. 24.)내용으로 우리 군은 경찰보다 먼저 대테러부대를 만들었다. 한국 최초의 대테러부대는 박정희 전 대통령 지시로 만들어진 606부대다. 박정희 전 대통령은 독일 연방경찰 소속 GSG-9부대가 1977년 10월에 발생한 민항기 루프트한자 납치 사건을 제압하는 모습을 보고 대테러부대 필요성을 느꼈다. 창설 초기에는 1개 특공대로 구성됐으나 이후 2개 특공대로 늘어났다.

1개 특공대는 50명 정도로 장교 5명과 부사관 45여명으로 구성됐다. 오늘날 특수전사령부 707특수임무단과 경찰특공대(swat)가 입는 검은 전투복과 베레모의 기원은 대테러 606부대원의 복장이다. 대테러 606부대원들은 매일 특화된 무술훈련을 실시했다. 이 무술은 살상무술 또는 특공무술로 불렸으며, 현재 군에 보급된 특공무술이 바로 이것이다.

그리고 우리 경찰이 국제테러에 본격적으로 대비하기 시작한 것은 1986년 아시안게임과 1988년 서울올림픽이 확정되면서다. 경찰이 만든 대테러부대는 1983년 10월5일 치안본부(현 경찰청) 제2부 경비과 산하에 창설한 KNP868 부대다. 부대명이 KNP868(Korea National Police 86/88)인 이유도 86 아시아게임과 88 서울올림픽을 위해 만들어진 국립경찰 대테러부대이기 때문이다.

경찰 특공대 KNP868의 초창기 요원들은 육군 특전사 내의 최정예 부대였던 대통령경호실 27특공부대에서 전출하거나 제대 후 이적해온 인원이 대부분이었다. 2차 임무를 수행하는 요원들은 치안본부의 정예 요원을 선발해 팀을 구성했다. 경찰특공대 초대 특공대장은 정동수 경정이 선임되었으며, 설립목적은 국제테러 및 게릴라형 도시범죄 예방과 진압을 목적으로 하였다. 그리고 1998년 교육대를 신설 한 후 2000년도에는 여경특공대를 신설하였고, 특공대원들은 경찰관 채용 후 경찰기본교육 24주와 특공교육 4주를 받았다.

경찰특공대 KNP868의 임무는 국내의 대테러방지활동과 인질구출작전이었다. 경찰특공대 KNP868대원은 1996년에 광화문에서 발생한 좌석버스 인질극 사건에도 투입됐다. 1993년 문민정부가 들어서면서 김영삼 전 대통령은 대통령경호실 27특공부대를 해체하고 경찰특공대 KNP868에 청와대 경호실 지원이나 외국 주요국빈 등을 경호하는 임무를 수행하기도 했다.

대테러 606부대는 1979년 10월 26일 박정희 대통령의 시해사건으로 인하여, 서류상 1979년 10월 29일 특전사로 합류한 것으로 확인 되고 있다(대통령경호실 http://www.pss.go.kr).

그러나 대테러 606부대는 특전사에 합류한 것이 아니라 박정희 대통령의 시해사건 당시 1979년 10월 26일 이후부터 약 한달 가까이 김포공항 옆에 위치해있던 부대에 대기상태로 주둔하고 있었다.

1979년 12월 12일 박정희 대통령암살 사건(1979.10.26.)후 최규하 국무총리(대통령권한대행)의 경호는 대통령 경호실에서 맡았고, 1979년 11월 606부대 요원들에 대하여 자세히 알고 있던 전두환 합동수사본부장은 대테러 606부대를 합동수사본부에 작전 배속하였다.

그리고 대통령경호실 대테러 606부대가 전두환 합동수사본부장 경호를 전담하였으며, 당시 전두환 본부장의 경호와 합동수사본부, 보안사령부, 중앙정보부 등에 배치되어 경호, 경비, 보안을 담당하였다.

당시 전두환 합동수사본부장의 경호와 동시에 합동수사본부, 보안사령부, 중앙정보부 등에 배치되어 활동하기 시작했으며, 보안사예하에 있는 보안교육대 특별과정 교육수료 후 그 당시 합동수사본부장 및 국가보위상임위원회장 경호를 담당하였으며, 몇 번의 과정속에서 소속이 바뀌었으나, 결국 대통령 경호실 소속으로 다시 임무를 수행하였다.

그리고 606의 의미는 영어로 SOS(모스부호[13]: · · · - - - · · ·)이며, 후에 27로 부대명이 바뀌게 된 것이다. 청와대 주변 경호·경비 작전을 수행하였으며, 요원들은 연희동에 2개팀, 서빙고에 2개팀, 김포에 2개팀, 그래서 6개팀이 순환임무를 수행했으며, 1980년 3월 27일 부대원들은 중앙정보부 특별교육과정으로 보안 교육을 수료했다.

〈사진 5〉 중앙정보부 특별교육과정 교육수료

출처: 대통령 경호실 606&27전우회

13) 모스 부호 [Morse Code, morse 符號]: 모스에 의하여 발명된 전신부호이며 발신전류로 선과 점으로 구성되고 그 조합으로 영어 알파벳을 표현한다. 1838년 원형(原型)이 구상되고 1843년에 실용되었다. 짧은 발신전류(점)와 비교적 긴발신 전류(선)를 배합하여 알파벳과 숫자를 표시한 것으로 기본적인 구조는 세계적으로 공통된다. 부호는 단점(短點:dot)과 단점의 3배 길이인 장점(長點:dash)으로 구성되며, 문자와 기호 사이는 3단점 길이의 간격을 취한다. 구문(歐文)의 경우 어(語)와 어 사이는 7단점 길이의 간격을 두고, 국문의 경우 자(字)와 자 사이는 5단점의 길이를 둔다. 통신사가 키[電鍵]를 눌러서 전류의 단속(斷續) 또는 전압의 고저 등 변화를 가하여 전송을 한다. 수신측에서는 도래부호(到來符號)를 음향 또는 기록으로 받아 통신사의 청각 또는 시각으로 판별하는 수신 작업을 한다. (네이버 지식백과)

1980년 8월 27일 대통령 경호실 작전배속 육작명 32-80-80.8.27 부대배속으로 1980년 11월 12일 대통령 경호실 제27특공부대로 부대명칭을 변경했으며, 이후 대테러 606부대는 대통령 경호실 27특공부대로 명칭이 변경되어 경호임무와 대테러 임무를 수행하였다. 1980년 11월 15일 부대는 부대개편 및 증편되었고, 부대는 2개 특공대로 나뉘어 1개 특공대에 3개 팀으로 편성했다.

〈사진 6〉 대통령경호실 제27특공부대 정문

출처: 대통령 경호실 606&27전우회

대통령 경호실 27특공부대 요원들은 대통령의 그림자 경호와 대테러임무를 담당하였으며, 이들을 지원하는 지원부서와 훈련장소를 김포공항 내 별도의 부대장소를 두고 각종 훈련을 실시하였다. 또한 청와대 내에 별도의 숙소와 훈련장소를 두고 대통령 경호안전에 24시간, 365일을 요원들은 항시 경호팀과 비상시를 대비한 번개팀인 대테러팀을 운영하여 만약의 사태에 비상대기를 하고 있었다.

대한민국의 제5공화국(1981~1988) 출범과 함께 전두환 대통령에 의해 "대통령 경호실 27특공부대"라는 대통령 경호부대로 명칭이 바뀌게 되었고, 대통령 경호실 27특공부대는 1978년 6월 1일부터 1993년 3월14일 까지 약 16년 동안 대통령의 1선에서 수행 및 근접경호 임무를 수행하였으며, 대통령 경호실 27특공부대는 대통령 경호실 특공대로 불리기도 했다. 당시 대통령 경호실 내에서 유일한 중무장부대이기도 했으며, 유일하게 폭약과 수류탄 등 중화학 보조 장비도 가지고 경호임무에 임했다.

대통령 경호실 27특공부대는 대통령 경호실의 보호를 받는 국내, 외빈에 대한 주요 요인에 대한 경호임무 및 대테러 작전 등을 수행했으며 당시 대통령이 가장 신뢰하던 최 근접 경호요원들이었다.

〈사진 7〉 대통령경호실 제27특공부대 제1특공대

〈사진 8〉 대통령경호실 제27특공부대 제2특공대

출처: 대통령 경호실 606&27전우회

특히, 전두환 대통령의 27요원에 대한 신뢰는 당시 대통령의 수행부관을 대통령경호실 27특공부대 지휘관 중에 선발하여 임무를 부여했고, 대통령 주간행사는 대통령경호실 경호요원과 27요원이 함께 진행하였으며, 야간 암행행사와 안가행사시에는 대통령 경호실 27요원들만 비밀리에 경호임무에 투입되었다. 그로 인하여, 당시에는 합동수사본부장을 모시던 대테러606부대원들은 후에 대통령 경호실 27특공부대원들은 전두환 합동수사본부장이 대통령이 된 이후 대통령경호실 경호요원들과 업무진행에 있어 대통령경호실 경호요원은 경호요원대로 대통령경호실 27특공부대 요원들은 27요원대로 상호 심리적인 박탈감을 느끼기도 하였다는 이야기가 있다.

1993년 3월 14일 대통령 경호실 27특공부대 대통령 경호임무종료 후 요원들은 특수전 사령부, 대통령경호실, 경찰특공대, 국가정보원, 정보사, 기무사, 00특별경호대, 000경비단 등 일부는 사회로 진출하였다. 이후 1993년 4월 1일 대통령 경호실에서는 대테러전담팀을 신설하여 현재까지 운영 중이다.

현재까지 내려오는 대통령 경호실 27특공부대의 해체사유는 다양한 내용으로 전해 내려오고 있으며, 1993년 3월 14일 문민정부 출범과 동시에 해체를 하였는데 당시 해체 이유로 대통령 경호실 27특공부대는 제7공화국 전 김영삼 대통령 당시 군 출신 대통령과의 차별성과 작은 정부를 내세우면서 대통령 경호실에서 권력의 핵심인물들의 대통령 경호실 27 특공부대를 보는 시각에서 군사정권의 산물로 비춰지면서 당시 전 김영삼 대통령과 대통령 경호실 핵심 관계자의 대통령 경호실 27 특공부대 요원들과의 사이의 묵은 감정으로 인한 대통령 경호실 27특공부대의 해체라는 선택을 했을 것이라는 설이 있다.

그러나 대통령 경호실 27특공부대 요원들이 수행했던 임무는 경호실, 경찰 경호파트, 군 경호파트, 특수전 사령부 707대테러특수임무대대 S.W.A.T팀에서 분담하여 경호 · 경비 임무를 수행하고 있으며, 현재까지 경호 · 경비 임무를 수행하고 있는 다른 군 · 경 관련 작전부대는 임무수행을 계속하고 있다. 대테러 606부대와 대통령 경호실 27특공부대 연혁은 아래 〈표 2〉와 같다.

〈표 2〉 대통령 경호실 606&27 특공부대 연혁

일 자	내 용
77. 10. 20	임무수령
77. 12. 06	특공팀 편성(2/18)
78. 03. 11	부대증편(2/52)
78. 06. 01	606부대창설(8/57)육일명 제21호
78. 06. 22	606증편 지시수령11/99
79. 04. 02	특공교육실시 8주(4차 71/51)
79. 10. 27	특전사 복귀(서류상).김포부대 대기
79. 12. 12	합동수사본부 작전배속 (합수본부장 경호전담)숙소.중정 경호경비
80. 03. 27	보안교육수료

일 자	내 용
80. 08. 27	대통령 경호실 작전배속 (육작명 32-80-80.8.27 부대배속)
80. 11. 12	제 27특공부대 명칭변경
80. 11. 15	부대개편 및 증편
93. 03. 14	대통령 경호임무 종료
94. 08. 15	부대 해체

출처: 염대관(2015)

3. 대통령 경호실 27특공부대의 활동

대한민국 최초의 대테러부대인 606부대는 초대부대장인 김택수 장군이 당시 대통령경호실장인 차지철 실장의 인가를 받아 편성되어 대통령경호실에 배속된 부대로써 그 당시 국제테러에 대응하기 위하여 창설된 부대로 당시 대통령경호실 작전차장보에 재직하고 계시던 전두환 장군이 직접 대한민국 특수전 사령부에서 전투력이 가장 우수한 인원을 비밀리에 지휘관 2명, 현장요원 18명을 선발하였다.

그 후에 1978년 6월 1일 606부대(8/57)육일명 제21호로 606부대가 창설하게 되었다. 그리고 대테러 606부대는 고박정희대통령 직속으로 운영하고 외부에 알려지지 않던 대한민국 최초의 대테러작전 부대이었다.

〈사진 9〉 대통령경호실 제27특공부대 부대전경

출처: 대통령 경호실 606&27전우회

606부대는 특수전 사령부 1977년 10월 20일 임무 수령 후 요원들을 각 여단에서 차출하여 1개 제대 지휘관 김종헌 장군(당시 소령), 이내춘(3사 6기), 박정호, 한경희, 손용덕, 조영식, 하주성, 정영춘, 김희용, 조성혁, 윤순석, 김윤호 ,이동탁, 안성환, 이영하외 5명, 운전병 손영 등을 차출하여 이를 근간으로 편성된 우리나라 최초의 대테러부대로 대테러임무이었으며, 당시에 대통령경호실 작전차장보에 재직하고 계시던 전두환 장군이 직접 부대를 방문해서 대테러 606요원들을 선발했으며, 훈련도 직접 몸으로 부딪치면서 하나하나 만들어내야 했다.

당시 워낙 훈련장 상태나 훈련 장비 등 많은 부분에서 부족한 상태이었고, 그러다 보니 부상자도 많았으나, 그런 건 신경 쓸 상황이 아니었으며, 그야말로 훈련의 연속이었다. 부대 내에 항상 헬기 2대가 대기하고 야간에도 헬기를 동원한 훈련을 실시했다.

〈사진 10〉 헬기 대테러훈련

출처: 대통령 경호실 606&27전우회

또한, 요원들은 대테러 606부대가 요구하는 기본 요구수준에 미달되었을 때는 즉시 특전사로 원복 조치를 시키는 등의 강력한 재제를 받았으며, 대테러 606부대 훈련장에서 항공기작전은 대한항공에서 제공한 보잉720기를 근간으로 항공기 대테러훈련을 실시했다. 그리고 1공수 훈련장과 개화산 장애물 및 김일성별장 코스 등에서 실전처럼 매일 낮·밤을 가리지 않고 강도 높은 훈련을 실시했다.

〈사진 11〉 항공기 대테러훈련

출처: 대통령 경호실 606&27전우회

그 당시로서는 대테러 606부대와 대통령 경호실 27특공부대는 극히 일부 관계자들만이 알고 있는 극비사항으로 비밀리에 추진되었으며, 운영되었던 전무후무한 부대이다. 대통령 직속으로 대통령의 비밀자금을 운영자금으로 활용하였으며, 인원선발에서 요원들에 대한 훈련 진행 및 점검을 박정희 대통령이 직접 확인했던 부대인 만큼 대테러 606부대 후에 대통령경호실 27특공부대는 다양한 훈련을 실시했으며, 우리나라 대테러작전 기법에 활용하고 있는 항공기 대테러작전과 건물 대테러작전이다.

〈사진 12〉 건물 대테러훈련

출처: 대통령 경호실 606&27전우회

그리고 그에 따른 헬기레펠과 건물레펠 또한 특공장애물훈련과 특공사격훈련 그리고 특공무술 훈련을 비롯한 대통령 경호임무에 필요한 수행경호와 선발경호 그리고 검측, 검문, 검색, 검식 등 다양한 경호기법뿐만 아니라 특공무술 같은 무술역사 등 제대로 된 교본과 장비 그리고 환경이 조성되지 못한 상황에서 모든 것을 만들어 냈던 부대였다.

당시 대테러 606부대는 청와대 66대대 막사에서 1제대부터 5제대까지는 66대대에서 사용했고, 마지막 6제대 막사는 대테러 606부대에서 약 2개월 동안 잠깐 사용했던 것이다.

그리고 대테러 606부대마크는 후에 27부대마크는 당시 홍익대 미대학장이 직접 도안해서 만든 것이며, 1977년 10월 20일 임무수령한 대테러 606부대는 김종헌 소령을 중심으로 다양한 훈련을 시작하였고, 김종헌 소령(후에 제3대 부대장)은 1공수 복무 당시 공수여단 지휘관으로 8.18 도끼만행 사건[14]당시 특공대

14) 1976년 8월 18일 오전 11시경 판문점 공동경비구역 내 사천교(돌아오지 않는 다리) 근방에서 미루나무 가지치

장으로 현장지휘 책임자였다. 그 사건 이후 606부대 창설에 참여하게 되었으며, 후에 대테러 707부대 제2대 부대장(82.06.23 - 82.12.14) 으로 복무하면서 대테러 606부대의 많은 훈련과목을 707대테러대대 훈련에 적용하였다.

대테러 606부대는 다양한 훈련을 실시했는데 그 예로 우리나라 레펠역사, 건물작전역사, 사격역사, 항공기작전역사 그리고 특공무술 같은 무술역사 등 제대로 된 교본과 장비 그리고 환경이 조성되지 못하여 그야말로 최악의 조건에서 모든 것을 만들어 내야 하는 상황이었다.

그리고 대테러 606부대와 27특공부대 요원은 이 모든 것을 해낸 전무후무한 세계최고 최강의 부대이었다.

대테러 606부대 요원들은 대한민국 특수전 사령부 소속의 우수한 특전요원들 중에서 다양한 특수교육과 무도, 사격 등의 최고 우수한 인원들로 구성되었고 훈련도 고강도의 특공교육을 실시했으며, 당시 박정희대통령의 직속 대테러부대로 대통령의 지원과 관심을 가지고 지켜보고 있는 만큼 요원들의 훈련은 주야를 가리지 않고 매일같이 계속적으로 실시했다는 당시 주변 관계기관 관계자들의 증언과 자료 그리고 당시 606부대원과 27특공부대원들의 증언과 자료를 통하여 확인할 수 있었다.

그리고 이와 관련된 내용으로 육군 특수전사령부(1999: 560-561)에 의하면 1978년 6월 1일에 한국 최초의 항공기 대테러부대를 목적으로 창설된 대테러 606부대는 김포공항 내에 위치하여 부대막사와 종합훈련장이 설치되었고, 고도의 특수 전술을 보급하기 위해서 부대에 특공교육대를 세워 특공교육생을 배출했다.

기 작업을 하던 유엔사 경비병들을 북한군 수십 명이 도끼 및 흉기로 구타, 살해한 사건. (출처: 한국민족문화대백과, 한국학중앙연구원)

〈사진 13〉 특공장애물 훈련

출처: 대통령 경호실 606&27전우회

이때 개발한 헬기레펠과 건물레펠, 특공무술 등이 보급되어서 군의 전투력 증강에 기여했다고 기록되어 있다.

〈사진 14〉 헬기레펠과 건물레펠 훈련

출처: 대통령 경호실 606&27전우회

606부대 요원들은 인적, 물적 훈련으로 정신과 신체, 이론과 장비교육을 통하여 생존훈련과정과 실전대비훈련을 실시하였으며, 교육을 통해서 소수 인원을 정예화하였다.

육군 특전사령부(1999: 560-561)에 의하면 당시 대테러 606부대 창설요원은 전원 특전사 소속 특전요원 중 신원이 확실한 인원 중 공수교육, 특수전교육, 특수교육이수, 체력, 무술, 사격, 신체조건 및 IQ테스트 등 최고의 특전요원들로 선발하였다.

대한민국 최초의 항공기 대테러부대를 목적으로 창설하였으며, 김포공항 내의 제606부대에는 부대막사와 종합훈련장이 설치되었고, 고도의 특수 전술을 보급하기 위해서 부대에 특공교육대를 세워 교육생도 배출했다. 이때 개발한 헬기레펠과 건물레펠, 특공무술 등이 보급되어 군의 전투력 증강에 기여했다고 평가되었다.

1978년 6월 22일 대테러 606부대는 부대증편 지시에 따라 11/99로 증편 후 1979년 4월 2일 죽음의 특공교육을 8주 동안 71/51명을 실시했으며, 특히, 특공교육을 이수한 이들은 특수전사령부 예하 각 여단에 교관으로 배치되어 특전요원들에게 특공교육에 대한 훈련을 실시하였다.

특공교육은 1공수, 3공수, 5공수, 7공수, 9공수 순으로 진행했는데 이때 특공교육이 워낙 강하게 진행되었고, 교관단들은 지휘관이고 뭐고 버티는 교육생만 데리고 갔으며, 그때는 각 여단의 선발된 지휘관들이 특공교육에 입교해서 교육을 실시했다. 그리고 교육을 무사히 수료한 교육생들에게는 당시 경호실장의 수료증과 특공휘장을 수여하였으나, 교육을 수료하지 못하고 돌아가면 장교들의 경우 인사상에 불이익을 받기도 했다.

대테러 606부대의 편제는 창설 당시 1개 특공대를 운영하였으나, 추후 1개 특공대에서 2개 특공대로 각 특공대별 3개 팀으로 구성되었으며, 지원부서는 인사, 작전, 군수, 수송 등으로 구성되었다. 당시 대테러 606부대와 대통령경호실27특공부대 부대 훈은 아래 〈표 3〉과 같다.

〈표 3〉 606부대와 대통령경호실27특공부대 부대 훈

우리는 세계 최고 최강의 정예 특공부대원이다.
1. 우리는 초유의 유일한 대테러 특공부대원으로서, 선택된 정예임을 명심한다. 2. 우리는 군의 무한한 기대 속에 창설된 특공부대원으로서 군의 최선봉임을 명심한다. 3. 우리는 선택된 특공부대원으로서, 승리만이 우리의 지상 과제임을 명심한다. 4. 우리는 필승의 특공부대원으로서, 승리의 요결은 강한 훈련임을 명심한다. 5. 우리는 생사를 같이하는 전우로서, 몸을 던져 의를 구한다. 6. 우리는 정도된 특공부대원으로서 살신 보국의 정신을 생활화 한다. 7. 우리는 국난극복의 기수로서, 경호의 첨병이며 핵심임을 명심한다.

출처: 대통령 경호실 27특공부대 전우회

우리나라 특수요원들이 입고 있는 복장 중 대테러복장인 흑복은 현재까지 특수임무를 수행하는 요원들이 그대로 사용하고 있으며, 대표적으로 대한민국 특수전사령부 707대테러 특수임무단 및 경찰특공대등 특수임무와 대테러작전 임무를 수행하는 기본복장으로 사용되고 있다.

그리고 아시아경제(2014. 6, 24)에 따르면 오늘날 경찰특공대(SWAT · Special Weapons and Tactics)가 입는 검은 전투복과 베레모의 기원은 대테러 606부대원의 복장이다. 라고 보도하였다.

대테러 606부대의 부대막사는 대한항공 조중헌 회장의 지원으로 김포공항 예비활주로 옆에 약 3만평의 부지에 조성되었으며, 건설은 현대건설에서 시공하였다. 3만평의 부지에는 다양한 종류의 훈련시설 건물작전 훈련장, 항공기작전 훈련장 및 실제 비행기배치, 권총사격장, 기관총사격장, 차량훈련장, 기초 장애물훈련장, 특공장애물훈련장, 특공사격훈련장과 특공구국관(특공무술 훈련장) 및 지원 장비와 시설 그리고 숙소 등의 시설들이 있었다.

〈사진 15〉 특공사격장 훈련

출처: 대통령 경호실 606&27전우회

대테러 606부대 후에 대통령 경호실 27특공부대 요원들은 그 당시 훈련은 하루하루 생존훈련에 가까운 고강도의 강한 훈련을 받았고 다양한 체력훈련을 비롯하여 기본구보 10km훈련, 각종 화기 활용법과 사격훈련, 체력훈련, 항공기와 헬기를 동원한 강하훈련, 육상 · 해상 · 공중 침투훈련, 특공무술훈련, 특공장애물훈련, 건물레펠훈련, 헬기레펠훈련, 공중탈출훈련 등 전문적인 교육을 실시하였으며, 특히, 극약 사용법과 특수무기 사용법, 요인암살훈련 등의 훈련을 매일 낮과 밤을 가리지 않고 실시했다.

〈사진 16〉 헬기 강하훈련

출처: 대통령 경호실 606&27전우회

또한 27요원들은 정보사 교육대에서 담력훈련을 비롯해서 기타교육 해군에서는 UDU교육, 공군에서는 항공생리학을 비롯해서 감압테스트 등 여러 관련 훈련을 받았으며, 외국에서 들여온 각 종 관련 무기사용법 등에 관한 책자를 번역하여 사용하기도 했다. 대테러 작전기법 훈련 체계도는 다음 〈표 4〉와 같다.

〈표 4〉 대테러 작전기법 훈련 체계도

훈련 체계도

기초훈련, 보조훈련, 대테러훈련, 특수훈련
(체력단련, 구보, 특공무술, 특공장애물, 특공사격, 강하, 수영, 요인암살, 변장, 통신, 정작, 화기, 의무, 폭파, 레펠, 건물작전, 비행기작전, 선박, 열차, 차량작전 등)

인적훈련　　　물적훈련
(체력, 정신력, 훈련 프로그램과의 전쟁)

정신훈련　신체훈련　이론훈련　장비훈련

생존훈련

실전대비훈련
(동일한 모형 안에서 동일 임무수행 숙달)

실전투입

결　과

평　가

출처: 염대관(2015)

1979년 10월 26일 궁정동 안가에서 중앙정보부 부장 김재규가 박선호, 박흥주 등과 고 박정희 대통령암살 사건 후 최규하 대통령의 지시에 의하여, 1979년 10월 29일 특전사로 복귀 후 1979년 12월 12일 합동수사본부에 배속[15]되었다. 박정희 대통령 암살사건인 10.26 사건을 두고 일부에서는 606부대 요원들이 고 박정희 대통령 경호임무에 투입되었다면, 그런 상황에서도 박정희대통령은 생존했을 것이라고 말하는 이들도 있다.

그리고 이와 관련된 내용으로 김창호(2006)는 10.26 사태를 계기로 축소, 침체되었던 경호실조직을 확대 개편하였고, 군부세력의 중앙부처 대거 진출에는 경

15) 김택수의 구술증언. "새로운 경호임무에 대한 수요가 생기다 보니까 경호임무로 전환하는 계기가 된 거지.… 606부가 없었으면 전 대통령이 합수본부장인데 합수본부장의 경호를 어떻게 수행하겠어요, 대통령이 있는데. 경호실 요원들은 대통령을 경호해야지 합수본부장 경호를 할 수가 없잖아요. 그러니까 (제606)부대가 있었기 때문에 오히려 경호를 할 수 있는 여지가 된 거고…"(출처: 김은정. 2008)

호실도 예외가 아니어서 경호실 직원 중 일부를 현역군인으로 보할 수 있도록 '대통령경호실법'도 개정했다.

1979년 10월 26일 고 박정희 대통령(1962.12-1979.12)의 시해사건과 전 최규하 대통령(1979.12-1980.8) 그리고 전 전두환 대통령(1980.9-1988.1)으로 이어지는 정권의 교체로 인해 대테러 606부대는 대통령 경호실 27 특공부대로 명칭이 변경되었으며, 27요원들의 1차 임무인 대테러 임무와 2차 임무인 합동수사본부 전두환 본부장 경호 임무를 병행하였다. 그 후 1980년 8월 27일 대통령 경호실배속으로 대통령 경호임무와 대테러임무를 동시에 실시하게 되었으며, 모든 요원과 장비 및 관련 기능조직과 업무내용들은 그대로였으나, 훈련내용은 대테러훈련과 동시에 경호훈련까지 그 강도는 더욱 강해졌다.

〈사진 17〉 경호상황 시연 및 특공장애물 · 특공사격 시범

출처: 대통령 경호실 606&27전우회

전두환 대통령에 의해 1980년 8월 27일 대테러 606부대는 대통령 경호실에 재 배속 되었으며, 1980년 9월 1일 제11대 전두환 대통령 취임으로 제 5공화국이 출범함과 동시에 1978년 6월 1일 대테러 606부대의 창설에서 1980년 11월

12일 대테러 606부대는 "대통령 경호실 27특공부대"로 변경하면서 대통령 경호부대로 알려지기 시작했다.

〈사진 18〉 대통령 국군의 날 행사 수행경호

출처: 대통령 경호실 606&27전우회

현재까지 알려진 대통령경호실 27특공부대 명칭은 당시 대테러 606부대에서 대통령 경호실 27특공부대로 부대명칭이 변경된 설에는 두 가지로 나뉜다.

첫 번째는 당시 대통령경호실 제4대 정동호 경호실장(육사13기)와 대테러 606부대 제2대 오형근부대장(육사22기)의 대통령 경호실에서의 회의 중 결정으로 기존 대테러 606부대의 이미지 변경과 함께 제5공화국 출범의 시작과 국가의 번영 그리고 국가의 안녕을 위하는 차원으로 이뤄졌으며, 대테러 606부대가 대통령경호실 경호임무를 명받고 1980년 8월 27일 청와대 대통령경호실에 배속된 27일을 기념하기 위한 날짜로 정했다는 설이 있다.

두 번째는 대통령 경호실 정동호실장과 대테러 606부대 오형근 부대장의 회의 중 오형근부대장의 육사 시절 럭비부 등 번호인 27번으로 결정했다는 설이 있다.

당시 대테러 606부대 창설요원들을 주축으로 대통령경호실 27특공부대 요원들은 임무를 맡는 요원들을 특수전 사령부에서 최고의 특전요원들을 선발하여 특공교육 후 극히 일부요원을 선발하여 충원하였으며, 동일한 훈련과목과 강도로 오직 국가를 위하여 목숨을 던지기위해 24시간 대기하였다.

대통령 경호실 27특공부대는 대테러 606부대의 항공기작전등 대국민 대테러 임무에서 대통령 대테러임무와 대통령 경호임무를 수행하면서 모든 인원과 장비 및 그들의 훈련내용은 대테러작전 및 경호작전 훈련까지 실시하였으며, 부대명의 변경과 임무가 추가되었다.

전 전두환 대통령은 특히 27요원들을 신뢰하였으며, 비밀 안가행사 및 암행행사 등에서도 27요원들과 함께하는 등 27요원들에 대한 믿음과 신뢰는 당시 대단하였으며, 이들은 강한 훈련과 한 치의 오차도 없는 임무수행으로 답하였다.

〈사진 19〉 청와대 비상대기 근무복과 대테러 훈련복

출처: 대통령 경호실 606&27전우회

1977년 10월 20일 임무수령후 1978년 6월 1일 창설된 대테러 606부대는 1980년 11월 12일 대통령 경호실 27특공부대로 명칭을 변경하면서부터 27특공부대는 1993년 3월14일 까지 대통령의 1선에서 수행 및 근접경호 임무를 수행하였다. 또한 대통령 경호실 27특공부대 요원들 중 상당수 요원들이 대통령 경호실로 자리를 옮겨 현재까지도 대통령 경호임무수행에 최선을 다하고 있다.

1993년 3월 14일 대통령 경호실 27특공부대의 해체이후 현재 대통령 경호실에서는 경호 1선은 경호실에서 2선은 경찰 소속 00특별경호대에서 3선은 군소속 00헌병대에서 실시하고 있으나, 27특공부대 요원들같이 경호임무수행에서 기동수행. 도보수행. 숙소경비를 비롯한 대테러작전 등 전체적인 경호선상에서부터 수행경호, 기동경호, 선발경호 등 전 경호현장에서 경호 활동하는 기관과 요원은 현재까지 존재하고 있지 않다.

〈사진 20〉 대통령 국군의 날 행사 선발경호

출처: 대통령 경호실 606&27전우회

대통령 경호실 27요원들은 대통령 경호실 내에서 유일한 중무장 경호요원들이기도 했고, 유일하게 각종 특수화기로 기관총과 대전차화기 및 폭약과 수류탄 등 중화학 보조 장비도 가지고 경호임무에 임했다.

또한, 대통령 경호실 27특공부대는 대통령 경호실의 보호를 받는 주요요인 및 국외 국빈에 대한 경호임무 및 대테러 작전 등을 수행했으며 당시 대통령이 가장 신뢰하던 최 근접 경호요원들이였다.

〈사진 21〉 대통령 경호실 27특공부대 제1특공대 3팀 교대식

출처: 대통령 경호실 606&27전우회

현재 대통령 경호실 27특공부대는 제7공화국 전 김영삼 대통령 당시 군 출신 대통령과의 차별성과 작은 정부를 내세우면서 대통령 경호실에서 권력의 핵심인물들의 대통령 경호실 27 특공부대를 보는 시각에서 군사정권의 산물로 비춰지면서 당시 전 김영삼 대통령과 대통령 경호실 핵심 관계자의 대통령 경호실 27 특공부대 요원들과의 사이의 묵은 감정으로 인한 대통령 경호실 27특공부대의 해체라는 선택을 했을 것이라는 설이 있다.

그리고 대통령 경호실 27 특공부대 해체이후 약해진 대통령 경호실의 경호공백과 대테러요원의 대테러 공백을 메우기 위해 그들은 다시 대통령경호실 27특공부대 요원들을 특별채용이란 명목으로 각 기관별 인원들을 분리 배치하기 시작하였으며, 1993년 4월 1일부로 대통령 경호실에는 대테러 팀이 신설되었다.

또한, 부족한 경호공백을 메우기 위하여 경찰청소속 경찰특공대에서 대통령 경호행사시 1개 SWAT(Special Weapons Attack Team)을 운영하였으나, 현재는 특수전 사령부 707대테러 특수임무단에서 SWAT 임무를 수행하고 있다.

대통령 경호실 27특공부대 해체당시 극히 일부요원들은 사회로 진출하였으나, 대다수의 요원들은 대통령경호실 경호요원, 경찰특공대 대테러요원 및 대통령 경호실 대테러팀, 청와대000경비단, 국가정보원 등과 대한민국 특수전 사령부소속 특수전교육단 및 707대테러 특수임무단으로 배치하여 지금도 경호작전과 대테러작전 그리고 특수전 임무수행에 있어서 최 일선에서 묵묵히 국가를 위하여 임무에 충실하고 있다.

〈사진 22〉 대통령 경호실 606&27전우회 국립현충원 참배

출처: 대통령 경호실 606&27전우회

4. 특공무술의 기원

대한민국 최초 대테러 606부대는 대한민국 특수전 사령부소속의 특전요원들을 선발하여 1977년 10월 20일에 임무수령 후 1978년 6월 1일 육일명 제21호로 부대가 창설되었고, 이와 함께 606부대의 임무수행을 위하여 개발된 무술이 바로 특공무술이다. 즉, 특공무술은 대테러 606부대의 대테러임무수행에 맞추어 개발된 무술이다.

특공무술의 명칭과 관련하여, 부대원들이 당시 지휘관을 특공대장이라 호칭하였고, 자신들을 특공요원이라 부르고 있었으며, 부대 훈에서 또한 특공대로 칭하고 있다. 그리고 부대 내 각종 훈련 시설의 명칭 또한 특공사격장, 특공장애물, 특공구국관(특공무술훈련장) 등의 명칭으로 불리고 있었다. 그리고 부대마크와 휘장 등에도 특공이라는 명칭을 사용했다.

〈사진 23〉 부대마크와 특공구국 탑

출처: 대통령 경호실 606 & 27 전우회

그리고 현재도 그렇지만 당시에도 대테러 관련 해외 특수부대를 호칭 할 때는 특공대라 칭하고 있었다. 그리하여 부대요원들이 특공이라는 단어에 군사적 의미를 부여하고 무술이라는 단어를 합하여 특공무술이라는 명칭을 결정[16]하여 사용하였다.

〈사진 24〉 부대기와 특공휘장(윙)

출처: 대통령 경호실 606 & 27 전우회

특공무술은 당시 대테러 606부대 요원들이 상부의 실전무술 개발을 지시 받아서 만든 것이 아니라, 요원들 자체적으로 대테러 작전시 좁은 공간에서 활용성이 뛰어난 일격필살의 술기를 개발하고 집약하는 과정에서 필요성과 중요성을 인식하고 결정하여 만든 무술이며, 특공무술의 명칭 또한 606부대 요원들의 의견수렴과 협의에 의해 부대장이 결정하였다.

김택수부대장의 구술증언에 따르면 "주로 특사에서 무도 유단자에서 선발해가지고 130명을 구상해서 그 부 (제606)를 훈련하기 시작했어요.…그러니까 경호원들이 각 무도

---

16) * 김택수의 구술증언. "…에는 순수한 무술을 결합시키지 않고, 흉기를 가지고 특수전작전을 하는 그런 (특전)무술로 명칭이 되다가 606부에서 특공무술이라고 해가지고 그거(특전무술)보다 더 순수 (특공)무술이 가미된 그런 무술이 센세이션을 일으키니까, 이걸 아까 말한 대로 일반 장교들중에서 우수한 장교를 교육시켜서 내보내고 하니까, 특전보다는 특공이란 게 더 복합으로 포함도 되었고 하니까 명칭을 그렇게 바꿔 버린 거지.…특수공작이라든가 특수, 이런 무술이기 때문에 명칭을 그렇게 붙인 거지. 이건 태권도도 아니고, 유도도 아니고, 검도도 아니고, 이걸 다 종합해서 우리가 특공작전에 쓰는 무술이라고 해서 특공무술이라고 한 거지.…(명칭을 하사받은 은) 없어요. 그 이름을 부를 때 뭐라고 할까 하다가 특공무술로 내가 정한거지. 종합무술인데 이걸 뭘로 할 것이냐, 이래서 이제 장교들하고 상의를 해가지고 특공무술이라고 하자 이래가지고 한 거지."(출처: 김은정. 2008)

를 하게 되었죠. 무도는 원래 무도이기 때문에 이거를 활용하려다 보면은 말하자면은 종합무술이 필요했다고요. 그래서 인제 종합무술을 하나 만들자 그래가지고 세계 각국의 무도에 한 책자를 수집했어요. 영국, 미국, 중국 하여튼 쿵푸를 비롯해서 태권도, 무도 사범을 해가지고 하다 보니까 외국어로 된 것을 해석하기 해서 내가 논산 훈련소로 가가지고 어학 영어, 독일어, 국어 등 우수한 자원을 몇 명을 차출해가지고 와서 그들로 하여 무도 책을 번역했어요." 라고 증언하였다.(출처: 김은정. 2008)

부대 내 자체적으로 명칭을 특공무술로 정한 이후, 1978년 11월 16일 연무관에서 차지철 경호실장 주관 시범을 실시하며 당시 대테러 606부대장인 고(故) 김택수 부대장이 차지철 경호실장에게 특공무술 무명(武名)을 보고하였다.

그리고 시범 이후 당시 차지철 경호실장이 대통령에게 보고하였으며 이를 박정희 대통령이 승인하여 606부대 요원들이 만든 무술의 이름이 특공무술로 결정된 절차가 있었던 것이다.

앞서 언급한 바와 같이 대한민국 최초의 대테러 606부대는 1978년 11월 16일 청와대 연무관에서 차지철 경호실장등 배석한 자리에서 특공무술 시범(대통령 경호실 제27특공부대, 1988,43)을 실시했는데, 대테러 606부대가 부대 내부적으로는 수차례에 걸쳐 시범을 실시하였으나, 대외적으로 보인 이 시범이 바로 대한민국 최초로 실시한 특공무술 시범[17]이였다. 이때 참석인원은 경호실장 차지철, 작전차장보 노태우, 작전부대장 등이며, 606부대원들로만 시범[18]을 실시했고, 그 후부터 짧게는 1달 길게는 3달 연속적으로 시범이 진행되었으며, 시범이 진행될수록 더욱 매끄럽게 진행되었다. 이 과정에서 다소 부족했던 술기 등을 개선하는 등 특공무술 기초과정부터 실전과정까지 만들어 가면서 준비를 했다. 또한 1979년에는 이미 1차 교본을 완성한 상태였으나, 국내의 급변화하는 정치적

17) 1978년 11월 16일 청와대 연무관 시범(대통령 경호실 제27특공부대,1988,43)

18) 1978년 11월 16일 장소 : 청와대 연무관 시범 : 606부대원 참관 : 경호실장 차지철, 작전차장보 노태우, 작전부대장 등 1978년 11월 28일 장소 : 특공구국관 시범 : 606부대원 참관 : 1공수여단장 1978년 12월 1일 장소 : 특공구국관 시범 : 606부대원 참관 : 참모총장 1979년 2월 3일 장소 : 청와대 시범: 606부대원 참관 : 작전차장보 김복동, 작전부대장 등 1979년 6월 12일 장소 : 청와대 연무관 시범 : 606부대원 참관 : 박정희 대통령외 60명 1979년 6월 21일 장소 : 청와대 시범 : 606부대원 참관 : 해병대 99여단(저도 근무자) 1979년 6월 26일 장소 : 특전사 정병관 시범 : 606부대원 참관 : 특전사령관, 각 여단장 및 참모등 (자료: 제27특공부대 1988 : 44)

상황으로 교본을 발간하지는 못했다.

제5공화국이 출범하고 대테러 606부대가 대통령 경호실 27특공부대로 명칭이 변경되면서 임무도 변화한 가운데 대통령경호실 27특공부대는 기존의 특공무술을 대테러임무수행과 경호임무수행에 맞추어 개선하였다. 이후, 대통령 경호실 27특공부대 27요원들은 청와대 경내에서 아스팔트로 포장된 장소에서도 팀별 일정시간 특공무술관련 기합과 함께 각종 술기를 훈련하였다.

특히, 27요원 선발과정인 특공교육과정에서부터 부대원들이 창시한 특공무술을 훈련과목에 편성하여 훈련을 실시하였으며, 특공요원 선발 후에는 대통령 경호실 27특공부대 요원들의 특공무술 훈련은 외부의 도움 없이 그 누구의 지도도 받지 않고 부대해체 전까지 자체적으로 특공요원들 중 특공무술이 뛰어난 요원을 선발하여 훈련을 실시하였다. 이러한 강도 높은 훈련으로 인해 특공무술은 대테러상황과 경호 상황을 설정하는 등 한층 더 강도 높은 무술로 발전할 수 있었다.

그리고 1978년 11월부터 시작된 시범을 통하여 이미 차지철경호실장의 보고로 박정희대통령의 지시에 의하여 대테러 606부대 요원들은 박정희대통령 시해사건이 발생하기 전까지 당시 김포 공항 내에 훈련장에서 특수전 사령부 소속의 선발특전요원들에게 4회에 걸쳐 특공교육을 실시하였으며, 긴박하게 변화하는 국내 정치상황으로 잠시중단되었다가 이후 다시 특공교육은 실시되었다. 특공교육 프로그램으로는 특공체력단련, 특공장애물훈련, 특공사격, 대테러훈련, 특공무술 등이 포함되어 있었다.

특공무술 시범은 1차에는 1978년 11월 16일 장소 : 청와대 연무관 시범: 606부대원 참관 : 경호실장 차지철, 작전차장보 노태우, 작전부대장 등 참석자들에게 시범을 실시하였으며, 2차에는 1978년 11월 28일 장소: 특공구국관 시범 : 606부대원 참관 : 1공수여단장 등 참석자들에게 시범을 실시하였다. 그리고 3차에는 1978년 12월 1일 장소 : 특공구국관 시범: 606부대원 참관: 참모총장 등 참석자들에게 시범을 실시하였고, 조금씩 특공무술이 전군 지휘관들에게 알려지게 되었으며, 이로 인하여 대테러 606부대가 대한민국 최초 대테러부대로 빠르게 알려지게 되었다. 4차에는 1979년 2월 3일 장소 : 청와대 시범 : 606부대원 참관: 작전차장보 김복동, 작전부대장 등 참석자들에게 시범을 실시하였다. 특히, 5차 시범은 1979년 6월 12일 장소 : 청와대 연무관 시범 : 606부대원 참관 : 박정희 대통령외 60명 등 참석자들에게 시범을 실시하였다. 또한 6차 시범에서는 1979년 6월 21일 장소 : 청와대 시범: 606부대원 참관 : 해병대 99여단(저도 근무자) 등 참석자들에게 시범을 실시하였다.

그리고 7차 시범에서는 1979년 6월 26일 장소 : 특전사 정병관 시범 : 606부대원 참관 : 특전사령관, 각 여단장 및 참모등 (자료 : 제27특공부대 1988: 44) 참석자들에게 시범을 실시하였다. 이러한 여러 시범을 통하여, 특공무술의 우수성을 인정받았다.

특히, 5차 시범은 1979년 6월 12일 장소 : 청와대 연무관 시범 : 606부대원 참관 : 박정희 대통령외 60명 등 참석자들에게 시범을 실시한 후 박정희 대통령으로부터 차지철 경호실장을 통하여 특전사에 특공무술을 전파하라는 지시가 있자.

* 김택수의 구술증언. "…특전사령관(정병주)이 장기오 장군한테 임무를 줬다니까. 임무를 줬고 그러니까 나한테 장기오 장군이 요청을 해가지고 그리고 5공수요원들을 우리한테 위탁을 시켜가지고 위탁교육을 받은 거지. 차지철씨가 군에 관심이 많기 때문에 이런 좋은 무술을 군(특전사)에도 보시켜라 이런 지시를 했지, 차지철씨가.…특전 여단에서 장기오 장군이 서울에 근교에 있고, 무술을 굉장히 잘했거든. 그러니까 '당신이 맡아서 보급을 하시오' 하니까…"(출처: 김은정. 2008)

당시 특수전사령관은 대테러 606부대에 지시하여 근거리에 위치하고 있던 제5공수여단에 특공무술을 전파하도록 하였으며, 이는 특공무술 전파에 초석이 되었다.

당시 특수전사령부 제5공수여단장 장기오 장군은 특공무술을 대테러 606부대에 의해 교육·보급 받고 제5공수여단에서 부대원들에게 특공무술 훈련을 실시하였으며, 특공무술 시범을 준비하는 과정에서 특공무술의 전장 내 활용성을 높이기 위해 야삽, 소총 등을 활용한 일부 내용을 추가했으며, 특수전 임무 수행상황에서 필요한 일부 술기들을 추가하는 등 기존 특전무술의 장점을 특공무술에 적용 · 개선하였고, 이를 토대로 시범을 실시했으며 이후 특수전 사령부 예하 여단에 보급[19]하였다.

당시 대테러 606부대의 특공무술 시범은 반복된 훈련을 통해서 능숙하게 진행되었고, 이에 보는 사람들은 극찬을 아끼지 않았다. 특공무술에 대한 찬사는 '특공교육' 과정을 통해서 1978년 11월에 특공 1기생들의 배출로 연결되었고, 교육받은 요원들에 의해 보급이 확대되었다. 특히, 제5공수여단에서는 특공무술 교관요원 훈련을 해서 20여명의 태권도 요원을 김포공항으로 파견하기도 했다. 특공무술이 흡족한 반응을 얻자, 차지철 경호실장은 군(특전사)에도 특공무술을 보급시키라고 지시했다. 당시 대통령경호실의 직접적인 통제하에 있었던 특수전사령부는 특공무술을 특전사에 보급하기 위해서 특전 여단중 제5공수여단장인 장기오 장군에게 책임을 부여했고, 특공무술 보급 임무를 맡은 장기오장군은 특공무술을 군의 성향에 맞춰서 새롭게 구성하고자 했다.(특사령부, 1980 : 157-183)

이 과정에서 당시 제4대 사령관 중장 정호영과 제4대 5공수 여단장이었던 준장 장기오 그리고 당시 제25특전대대 대대장 중령 이정균(육사23기), 15지역대 지역대장 황인기(3사 7기)는 예하부대원을 대상으로 특공무술을 교육하였다.

그리고 대테러 606부대는 1980년 10월 전두환 대통령 시범에서 시범단장 제2대 오형근부대장, 시나리오 작성 조윤기 작전참모(당시 소령), 시범진행 고명승 대령, 시범 27부대요원이 특공무술 시범을 실시하였다. 청와대에서 전두환 대통령에 대한 특공무술시범이 끝나면서 이 자리에서 특공무술의 진가를 처음부터 알고 계시던 전두환 대통령이 처음으로 특공무술을 전 군에 전파할 것을 당시 4대 정동호 경호 실장(80.08~81.07)에게 지시하셨다.

그리고 1980년 9월 2일부터 11월 20일까지 약 2개월 동안 특공무술 집체교육을 통하여(특수전 사령부. 1980:162) 특전사령관, 각 여단장, 대대장, 작전참모 등이 배석한 가운데"1980년 11월 21일, 사령관 및 육본 참모부장, 각 여단장

19) * 오형근의 구술증언. 우리부대(606부대)의 특공무술을 5공수에서 배워가지고 장기오 장군이 전 여단 요원을 (교육)시켰으니까."

을 모신 가운데 시범을 실시하여 전시 공격형 군대무술로 인정받았으며, 특전사 이하 여단 교관 요원에 대한 집체교육을 2차례에 걸쳐 실시하여 이를 보급하였다"(특수전 사령부 부대사 1980). 전투에 필요한 군대무술로 단전호흡, 품새, 겨루기, 무기 사용법중 대검, 몽둥이, 소총과 낙법, 격파로 구성하여 육군시범을 보임으로서 각 여단의 교관요원 집체 교육 2회를 실시하여 특공무술을 각 여단에 보급하게 되었다.

그리고 1981년 4월 22일 제5대 5공수여단장 준장 홍은표 당시 육군본부 광장에서 제 24대 육군참모총장 대장 황영시 배석 후 전투복, 전투화 착용상태에서 최초로 군복을 입고 특공무술 시범을 실시하였다.

결과적으로 전 군 지휘관 및 관계자들에게 시범을 보이고 제5공수 여단이 특전사내 각 여단에서 교관단을 편성하여 집체훈련을 통하여 전 군에 특공무술을 전파하기 시작하였다.

이와 관련하여 대한민국 정부 정보공개청구를 통해 수집한 특수전 사령부 자료에 의하면 1985년 이전 제5공수특전여단 시범 팜플렛 자료 및 교안자료에는 명칭을 '특전무술'로 사용하였으며, 1986년 이후 육군본부 교육참조 21-20-1 (1986. 4. 30)부터는 명칭을'특공무술'로 사용하였다(관련근거: 야전교범 39-0-3 (07.5.30) 특공무술 부5-1 특공무술 변천과정 '특전무술'과'특공무술'로 명칭을 혼용사용 하였으나 2005. 1. 15 특수전 사령관 지시에 의거'특공무술'로 용어를 재정립하였음을 알 수 있다. 특공무술의 수많은 시범 중 주요시범은 아래〈표 5〉와 같다.

〈표 5〉 특공무술 주요시범 내역

연 도	시범 요원	시범 대상	시범 내용
1977.10.20	대테러 606 부대원	606부대 대테러작전 임무수령	대테러606부대
1977.12.06	대테러 606 부대원	606부대 특공대 편성 및 특공무술개발 시작	대테러606부대

연　　도	시범 요원	시범 대상	시범 내용
1978..06.01 ~ 1978.11.15	대테러 606 부대원	606부대내 외부시범을 위한 수차례 내부시범실시	대테러606부대
1978년 11월	대테러 606 부대	차지철 경호실장	최초 특공무술 시범 (대외적)
1978년 11월	대테러 606 부대	제1공수 여단장	특공구국관
1978년 12월	대테러 606 부대	참모총장	특공구국관
1979년 02월	대테러 606 부대	청와대 작전차장보, 작전부대장	청와대 시범
1979년 06월	대테러 606 부대	박정희 대통령	청와대 시범 (최초 특전사 보급 지시)
1979년 06월	대테러 606 부대	대통령 휴양지 저도 근무자	청와대 시범
1979년 06월	대테러 606 부대	특전사령관, 각 여단장 및 참모	특수전사령부 정병관
1980년 10월	대테러 606 부대	전두환 대통령	청와대 시범 (최초 전 군과 경찰,경호 작전부대 보급 지시)
1980년 11월	제5공수여단	특전사령관	특수전사령부
1981년 04월	제5공수여단	제24대 육군참모총장 대장 황영시	육군본부 광장 (전투복, 전투화착용시범)
1985년 09월	제1공수여단	전두환 대통령	팔당호 시범 ('85 필승 특전훈련 시범 간 실시)
1987년 10월	제3공수여단	대통령 임석 및 전 국민	여의도 광장 제39주년 국군의 날

연 도	시범 요원	시범 대상	시범 내용
1988년 07월	대통령 경호실 27 특공부대	노태우 대통령	청와대 시범
1992년 05월	대통령 경호실 27 특공부대	노태우 대통령	청와대 시범
1992년 10월	특수전 사령부	대통령 임석 및 전 국민	국군의 날 시범
1993년 10월	특수전 사령부	대통령 임석 및 전 국민	국군의 날 시범
1995년 10월	제3공수여단	대통령 임석 및 전 국민	계룡대 연병장 제47주년 국군의 날
1999년 10월	제3공수여단	대통령 임석 및 전 국민	계룡대 연병장 제51주년 국군의 날
2004년 10월	제3공수여단	대통령 임석 및 전 국민	계룡대 연병장 제56주년 국군의 날
2009년 10월	제1공수여단	대통령 임석 및 전 국민	계룡대 연병장 제61주년 국군의 날 특공무술 명칭 최초사용
2010년 09월	제9공수여단	대통령 임석 및 전 국민	경복궁 홍례문 앞 광장 제62주년 국군의 날 및 6.25전쟁 60주년 서울 수복기념
2010년 10월	제7공수여단	육군참모총장 및 전 국민	상주시민 공설운동장 상주 화령장 전투 전승 기념 행사
2011년 10월	제3공수여단	대통령 임석 및 전 국민	계룡대 연병장 제63주년 국군의 날
2012년 09월	제1공수여단	육군참모총장 대장 김상기	특수전 사령부
2012년 09월	제1공수여단	국방장관 김관진	특수전 사령부

연 도	시범 요원	시범 대상	시범 내용
2012년 09월	제1공수여단	대통령 임석 및 전 국민	계룡대 연병장 제64주년 국군의 날
2013년 09월	제7공수여단	특수전사령관 및 전 국민	경북 칠곡군 둔치 낙동강 지구 전투 전승 기념 시범
2014년 01월	제3공수여단	합동참모의장 (해군 대장 최윤희)	특수전 사령부 특전사령부 현장지도 방문시
2014년 01월	707 대테러 특수임무대대 여군	특수전사령관 및 미국 부대사 (레슬리 바셋)	특수전 사령부 707대테러 특수임무대대 특전사창설이래 여군으로만 구성 최초 시범
2014년 10월	제3공수여단	대통령 임석 및 전 국민	계룡대 연병장 국군의 날 통합군시범

출처: 염대관(2015)

즉, 특공무술은 대테러 606부대원들이 직접 개발했고, 대통령경호실 27특공부대 27요원들이 다양한 현장 훈련과 실전과 같은 훈련을 통하여 술기를 개선하는 등 606 & 27 요원들이 특공무술의 체계를 갖추고 정립 및 반영하여 보급하였다. 특공무술의 개발과 체계화 등은 606부대와 27특공부대가 자발적으로 이뤄낸 것이지만, 특공무술의 보급에는 정치적 권력의 힘이 작용하여, 특전사를 통하여 전군에 보급된 것이라 할 수 있다.

특공무술이 특수임무수행을 하는 요원들에게 빠르게 전파되고 발전할 수 있었던 것은 이를 적극 지원한 박정희 대통령과 전두환 대통령의 정치적 권력의 힘이 작용했다고 볼 수 있는데, 박정희 대통령이 특공무술 무명을 인가하고 특수전사령부예하 특전요원들에게 전파할 것을 지시하였으며, 이후 전두환 대통령이 특공무술을 전 군과 경찰 · 경호 작전부대에 보급하도록 지시한 것이 바로 특공무술이 빠르게 발전 · 전파된 계기라고 할 수 있다.

이후 1993년 3월 14일의 대통령 경호실 27특공부대의 대통령 경호임무 종료 후 당시 27요원들은 대통령경호실 · 경찰특공대 · 청와대 101경비단. 국가정보원 등에 배치되거나 특전사로 복귀했다. 606부대와 27특공부대는 해체되었으나, 당시 27요원들이 국가중요기관들에 분산, 배치되면서 27요원들의 실전경험을 토대로 한 실전적인 교육이 특수임무요원 및 공 경호요원들에게 이어지고 있다.

대통령 경호실에서는 1993년 3월 14일 대통령 경호실 27특공부대가 대통령 경호임무에서 종료되면서 담당하고 있던 경호구역과 테러에 대비한 공백을 메우기 위하여 1993년 4월 1일부로 대통령 경호 대테러 전담부서를 신설하였다. 그리고 경찰청소속의 경찰특공대에서 대통령 경호행사시 1개 SWAT(Special Weapons Attack Team)를 운영하고 있었다. 이후 대한민국 특수전 사령부 707대테러 특수임무단에서 1개팀이 대통령 경호행사시 1개 SWAT(Special Weapons Attack Team)를 운영하고 있다.

현재 남과 북이 대치하고 있는 상황 하에서 대한민국의 특공무술은 더욱 강한 국방무술로 발전하고 있으며, 특공무술이 본래 대테러작전 및 경호작전 등 특수전 임무를 수행하는 606부대와 27특공부대 요원들의 강한 정신력과 체력 그리고 작전경험을 밑바탕으로 개발된 무술이며 동시에 각종 무도와 무술의 장점을 적용한 융합무술이고, 살상용과 제압용 그리고 호신용으로 만들어진 무술이기 때문에 무엇보다도 현대전에 맞는 무술이며, 실전에서 가장 뛰어난 무술로 평가되고 있다.

결론적으로 특공무술은 당시 606부대 요원들이 상부의 실전무술 개발을 지시받아서 만든 것이 아니라, 요원들 자체적으로 특공무술의 필요성과 중요성을 인식하고 결정하여 만든 무술이며, 특공무술이라는 무명은 606부대 특공요원들의 의견을 수렴하여 협의에 의해 결정되었다.

부대 내 자체적으로 명칭을 특공무술로 정한 이후, 1978년 11월 16일 연무관에서 차지철 경호실장 주관 시범을 실시하며 당시 대테러 606부대장인 고(故) 김택수 부대장이 차지철 경호실장에게 특공무술 무명(武名)을 보고하였다. 그리고 시범 이후 당시 차지철 경호실장이 대통령에게 보고하였으며 이를 박정희 대통령이 승인하여 606부대 요원들이 만든 무술의 이름이 특공무술로 확정된 것이다.

이후 대한민국 최초 대테러부대 606부대에서 대통령경호실 27특공부대로 부대명이 변경되면서 여러 차례 특공무술 시범을 통한 술기 발전을 거듭하고 있었으며, 이를 특전사에 보급하라는 지시와 함께 대테러 606부대는 당시 제5공수특전여단(현 국제평화지원단)은 특전요원들에게 보급하였고, 이후 제5공수여단 25대대 15지역대 병력에게 전장상황에 맞는 술기를 추가하여 특공무술 시범을 실시 한후 특전사내 교관단을 편성하여 특전요원들에게 보급하였다.

일부 자료에 의하면 666특공대 또는 666부대라는 명칭은 잘못된 명칭이며, 당시 제1공수여단 제66대대 5제대 옆에 있는 6번째 막사를 사용했다고 하여, 666이라는 별칭을 붙였다는 것이다. 또한 66대대가 모체라고 표현하는 것 또한 잘못된 표기라고 당시 대테러 606부대 요원들은 증언하였다.

그리고 특공무술은 1978년 11월 16일 최초의 특공무술시범을 통하여 알려졌으며, 군에서 출발하여 발전을 거듭하였고, 민간에서는 10여년의 세월이 흐른 1988년 7월 대테러 606부대 특공무술 교본과 회칙을 참고하여 대통령경호실 27특공부대 제2대 오형근 부대장의 추천으로 대통령경호실에 합기도사범으로 취직한 장수옥 합기도사범(국술원 합기도 관장/ 1947년생으로 1978년 당시 만 30세/ 출처: 네이버, 2019)이 본인의 합기도 제자들과 함께 1988년 7월 사단법인 대한특공무술협회를 설립하였으며, 이후 민간협회는 분파되기 시작하였으며, 스승인 장수옥과의 불편한 관계로 인하여 제5공수여단에서 시범을 준비하는 중에 장수옥의 합기도장 사범으로 있던 박노원(국술원 합기도 사범/ 1956년생으로 1978년 당시 만21세, 1980년 당시 만23세 / 출처: 네이버, 2019)을 제5공수여단에 소개하여 외부사범으로 조언자이던 박노원과 박노원 사범을 따르는 장수옥의 제자들이 모여 1996년 8월 사단법인 국제특공무술연합회를 설립으로 분파되기 시작하여 현재 15개의 민간협회가 설립되어 각자의 목소리를 높이며, 활동하고 있는 현실이다.

또한, 현재 이와 관련된 여러 민간협회가 설립되어 활발하게 활동하고 있다. 최초 민간협회는 1988년 7월과 1996년 8월에 각각 설립되었으며, 현재 다수의 민간협회가 설립되어 활발하게 활동하고 있으나, 정확한 특공무술 역사를 모르는 다수의 특공무술 관계자들과 지도자들로 인하여 특공무술이 혼란에 빠지고 있었으며, 서로 다른 목소리를 내고 있었다. 또한 협회 간, 체육관 및 회원 간 분쟁이 발생되고 있었으며, 문제점들도 다양했다.

그리고 청와대 대통령경호실에서는 일부 관련인원의 실수로 1993년 3월 14일 대통령 경호실 27특공부대 해체이후 경호요원들이 수련해야 하는 여러 무도중 특공무술을 수련종목에서 제외시키는 결과를 초래하기까지 했다.

그러나 다행히도 사단법인 대한민국 특공무술협회와 특수전 사령부소속 대한민국 최초의 대테러 부대인 606부대 요원들과 대통령경호실 27특공부대 요원들의 모임인 대통령경호실 606 & 27 전우회를 주축으로 하여, 학계와 군 그리고 경찰·경호 관계자 등이 함께 특공무술 역사 찾기 프로젝트를 시작했다. 그동안은 보안유지라는 이유로 민간인들의 거짓 주장 활동에 대응하지 않던 대통령경호실 606 & 27 전우회 회원들은 이제라도 특공무술의 진실을 밝히고 잘못된 역사를 바로 잡아야 한다는 단 하나의 목적을 가지고 방송사와 신문사 및 민간협회와 민간인들을 상대로 최선의 노력을 다하겠다고 하고 있기 때문에 머지않아 특공무술 역사에 대한 진실공방의 종지부를 찍을 수 있을 것으로 판단된다.

그동안 사단법인 대한민국 특공무술협회는 특공무술의 창시자를 몇몇 민간인들의 모임에서 장수옥과 박노원을 세우려는 움직임을 알고 전통무예 특공무술협의회 등록을 위한 제1차 모임에서 사단법인 대한민국 특공무술협회 관계자들은 절대 민간인 창시자는 될 수 없다는 것을 통보했다.

이와 관련하여, 사단법인 대한민국 특공무술협회는 특수전사령부와 관련 군에 관련 자료를 모아 공문서와 함께 보내 특공무술이 대한민국 군의 자산이며, 창시부대와 창시자라는 것을 관련 자료와 함께 발송하였으며, 국가 관련 기관과 관계자들과 상담을 거듭하였다. 그리고 특공무술은 군에서 창시했다는 것을 명백히 밝힐 것을 특수전사령부측에 강력하게 요구했다.

이로 인하여, 그동안 특공무술에 대한 잘못된 자료를 올린 문화체육관광부의 전통무예백서에 2019년 군의 입장과 정확한 특공무술 역사에 대하여 창시과정과 연혁 그리고 교범 출간 현황 및 특공무술의 시발점 등 특공무술 역사에 대한 정확한 정보를 군은 처음으로 공개했다.

이후 2019년 1월 31일 서울에서 진행된 사) 대통령경호실 606&27 전우회 요원들과 본인이 특공무술 창시자라고 주장하던 대한특공무술협회 총재 장수옥(국술원 합기도 관장/ 1947년생으로 1978년 당시 만30세 / 출처: 네이버, 2019)의 만남 자리에서 있었던 부대원들의 질문에 대해 민간인 장수옥은 본인은 단 한 번도 자신이 특공무술 창시자라고 주장한 적이 없으며, 신문 등 방송매체에서 잘못 보도한 것이며, 오보라고 부대원들 앞에서 말했다.

또한 본인이 특공무술 창시자라고 주장하던 국제특공무술연합회 회장 박노원(국술원 합기도 사범/ 1956년생으로 1978년 당시 만21세, 1980년 당시 만23세 / 출처: 네이버, 2019)은 특공무술 창시자에서 특공무예 창시자로 명칭을 변경하여 현재는 특공무예 창시자라고 주장하고 있다.

결과적으로 군은 그동안 일부 잘못된 특공무술 역사를 정립할 수 있게 되었으며, 대통령경호실 606 & 27 전우회는 특공무술역사에 606 & 27이라는 부대명을 올리게 되었다.

그리고, 사단법인 대한민국 특공무술협회의 의견대로 특수전사령부 사령관명의 단증 또한 사회에서는 인정받지 못하여 특수전사령부와 민간협회 MOU체결을 통한 단증교부를 실시해오던 기존의 방식에서 벗어나 특수전사령부와 경찰청간의 MOU체결을 통한 특전사령관명의 단증이 경찰청에서 인정하기로 두기관이 상호 협약했다.

이로써 전통무예 특공무술협의회 15개 단체장들과 임원들은 특공무술의 정확한 역사와 뿌리를 알게 되었다. 그리고 기존 기득권을 유지하기 위한 각종 언론매체 이용 등 그들의 잘못된 행동은 특공무술의 발전을 오히려 저해하는 요인이 될 것이다. 따라서 이제부터라도 특공무술 관계자들은 정확한 역사를 근거로 앞으로의 발전과 계획을 세워 나아가야 할 것이다.

5. 특공무술의 최초 교본 발간 과정

1979년 최초 교본발간 준비 당시 대테러 606부대 특공무술 교본은 한국 고유의 특수한 무술과 기법을 연구 개발하여 널리 보급하고 국토방위의 일익을 담당하며, 호신술을 터득하여 국민 체위의 향상과 건강한 정신 함양에 기여함을 목적으로 하였으며, 특공무술을 수련하고자 하는 개인이나 단체에 안내서가 되며 특히 기존 무술을 3년 이상 연마한 수련생과 군부대에 특공무술을 보급하려는 요원에게 필요한 내용을 중점 수록하고자 하였다.

부대원의 증언: 특공무술의 최초 교본 발간과정에서 당시 상황으로 교본발간은 606부대 요원들 중에서 한경희, 김만규, 조영식 등의 선배 기수들이 주체적으로 주관하여 조별로 술기 담당자 등을 지정하고 교본 촬영시 각자의 맡은 임무와 역할 등을 분배하였으며, 교본 작업은 자율적으로 진행되었다. 그리고 장교로는 신경철중위(육사32기)가 관심있게 참여하였으며, 신경철중위는 전두환 대통령의 수행부관이었다. 그리고 교본제작 당시 시범 등을 여러 번 했기 때문에 그때 담당했던 요원들이 각자 맡은 역할을 촬영한 후 자료화했다. 그리고 타자기로도 작성하였으며, 실내 · 외에서 사진촬영을 통하여 상황별로 당시 정장양복과 도복을 착용하고, 촬영을 실시하였으며, 교본발간의 진행은 지원팀 임웅환(당시 대위)이 업무를 담당하였다.

이후 대통령경호실 27특공부대에서 발간한 특공무술 교본은 한국 고유의 특수한 무술과 기법을 연구 개발하여 널리 보급하고 국토방위의 일익을 담당하며, 특수작전용인 대테러 작전용 살상술과 경호 작전용 제압술 그리고 국민 누구나 쉽게 배우고, 익힐 수 있는 호신술을 개발하여 국민체육의 향상과 건강한 정신 함양에 기여함을 목적으로 하였으며, 특공무술을 보급하려는 요원들에게 필요한 내용 등을 중점 수록하였다.

대테러 606부대 최초 교본의 목차는 다음 〈표 6〉과 같다.

〈표 6〉 특공무술 미 발간 최초교본 목차

순 서	1차 세부내용	2차 세부내용	3차 세부내용	4차 세부내용
추천사				
서 언				
제1편 총 칙	제1절 개 요	1. 목적 2. 적용 및 범위		
	제2절 특공무술의 특징	1. 특공무술의 정의 2. 특공무술의 특징		
제2편 준비운동	제1절 정의 제2절 목적 제3절 실시요령			
제3편 기본자세 및 동작	제1절 기본자세 제2절 기본동작 제3절 낙법			
제4편 형 및 대련	제1절 형	1. 개요		
		2. 형의 구분	가. 공격기 나. 기본형 다. 특공형 라. 고급형 마. 대검형	
	제2절 대련	1. 약속대련		
		2. 자유대련	가. 2인 처리술	• 손목 의복수 • 유도막기 목풀기 • 활용술 • 단도방어 • 봉대련
			나. 3인 처리술	• 권총방어 • 족방어술 • 뒷수좌기

순 서	1차 세부내용	2차 세부내용	3차 세부내용	4차 세부내용
				• 3인대련 • 포박연행술 • 투기잡기술 • 단장술
제5편 응용술	제1절 급소 제2절 호흡법 제3절 호신술 제4절 격파			
제6편 수련방법 및 과정	제1절 수련방법	1. 수련장 2. 준비물 3. 수련과정		
제7편 협회회칙	협회 명칭 등 협회회칙 규정			

출처: 염대관(2015)

대통령경호실 606 & 27 특공부대에서는 1979년 9월과 10월에 걸쳐 교본작업을 진행했으며, 협회회칙까지도 교본에서 규정하고 있었고, 교본을 살펴보면 당시 특공무술의 협회이름을 대한특공무술협회 약칭 “특무도”라고 정했으며, 협회 결성까지 진행되었음을 알 수 있다.

특공무술의 미발간 최초 교본의 목차는 유급과정에서 유단과정까지 체계화하여 앨범과 교본제작 직전에 있었음을 말해주고 있다.

대통령경호실 606 & 27 특공무술교본. 1979. 편찬을 못하였으나, 300여 페이지 분량으로 기본 제작본이 만들어져 있었다. 이는 현재까지도 전직 대통령 경호실 27특공부대 요원들에 의해 보존 · 관리되고 있다. 특공무술 교본 발간 및 발전 과정은 다음〈표 7〉과 같다.

〈표 7〉 특공무술 교본 발간 및 발전 과정표

연　도	참　여	내　용	담당 부대
1977.10.20	대테러 606 부대원	606부대 대테러작전 임무수령	대테러606부대
1977.12.06	대테러 606 부대원	606부대 특공대 편성 및 특공무술개발 시작	대테러606부대
1978.06.01~ 1978.11.15	대테러 606 부대원	606부대내 외부시범을 위한 수차례 내부시범실시	대테러606부대
1978.11.16	대테러 606 부대원	최초 특공무술 시범 (차지철 경호실장외 관계자)	대테러606부대
1979.06.12	대테러 606 부대원	박정희 대통령 청와대 시범 (최초 특전사 보급 지시)	대테러 606부대
1979.9-10	대테러 606 부대원	특공무술 최초교본작업 완료 (현존자료. 미 발간됨)	대테러 606부대
1980.10.	대테러 606 부대원	전두환 대통령 청와대 시범 (최초 전 군과 경찰 보급 지시)	대테러 606부대
1980.11.21	5공수 25특전대대 15지역대	특공무술+특전무술 술기 개선. 보완 “시범”	특수전사령부
1981.04.22	5공수 특전여단	특공무술(특전무술) “시범”	특수전사령부
1984.01.31	5공수 특전여단	육군본부 (팜플레트 80-3-1)	특수전사령부
1986.04.30	5공수여단 무술담당자	육군본부(교육참고 21-20-1) 특공무술	특수전사령부
1995.11.31	특수전사령부 교관단	특수전사령부(교육참고)	특수전사령부
2005.01.15	특전무술 교관단	특전무술 용어를 특공무술로 변경 사용시작	특수전사령부
2007.05.30	특공무술 연구관	특공무술 야전 교범 39-0-3 발간/동영상 CD제작	특수전사령부
2009.10.01	특전사령부	제61주년 국군의 날에 건국이래 최초 특공무술 명칭으로 시범	대통령 이명박 및 전 국민 대상

연　　도	참　　여	내　　용	담당 부대
2009.12.31	특공무술 교관단	특전무술 야전교범 별책부록 발간	군
2010.02.05	특수전 사령부 특전요원 140명(여군4명포함)	KBS-1TV 방송국 특공무술 이렇게 달라졌다 촬영 및 방영	전 군민
2010.03.29	특수전 사령부	특공무술을 특전기본과제 핵심 통제 과목으로 승격	특수전 사령부
2011.1.28	특수전 사령부 특공무술 교관단	기술모델정립 및 살상기술동작 통일/동영상 C.D제작	특수전 사령부
2011.06.08	특수전 사령부 특공무술 교관단	특공무술 교육 표준안 제작	군

출처: 염대관(2015)

6. 특공무술의 발전배경 및 발전과정

1979년 10월 26일 고 박정희 대통령이 중앙정보부 고 김재규 부장에게 시해되면서 대한민국은 정치적으로 혼란한 상황에 빠지게 되었다.

10. 26사건 이전 박정희대통령과 전두환대통령의 인연은 1951년 전두환대통령은 육군사관학교 입학 정규 4년제를 도입한 첫 기수로 5.16 군사정변에 대한 1961년 5월 18일 육군사관생도들의 군사정변 지지선언과 지지시위 행진을 이끌어내 박정희대통령으로부터 신임을 얻게 된 계기가 있었으며, 1962년 박정희대통령으로부터 군에서 전역하여 국회의원으로 정계 입문제의를 받았을 때는 군에 남아 충성을 다하겠다는 말로 제안을 거절하였다. 이후 윤필용(방첩대장/수도경비사령관), 손영길(수도경비사령관 참모장) 등과 하나회를 조직하여 박정희대통령의 묵인하에 정권의 비호를 받고 하나회 회원들은 서로를 밀어주며 계속 승승장구하고 있었다. 그러나 윤필용이 술자리에서 말한 박정희대통령 후계자로 이후락(중앙정보부장)을 지목하면서 강창성 보안사령관이 수사팀을 꾸려 윤필용에 대한 수사를 진행하면서 권력내부에 하나회의 존재가 알려지고 박정희대통령은 강창성사령관을 좌천시켜 하나회 문제를 덮어버리면서 그 사건으로 인하여 윤필용과 손영길이 권력에서 제거되면서 자연스럽게 전두환대통령은 하나회의 수장이 되었으며, 1979년 10월 26일 박정희 대통령 시해사건 47일 후인 1979년 12.12 사태로 정권을 잡게 되었던 것이다.

1979년 10월 26일 사건으로 박정희 대통령은 서거했다.

박정희 대통령은 26일 하오 7시 50분 서거했다고 정부대변인 김성진문공부장관이 27일 상호 공식발표했다. 박정희 대통령은 26일 시내 궁정동 소재 중앙정보부 식당에서 김재규 중앙정보부장이 마련한 만찬에 참석 김계원비서실장, 차지철 경호실장 및 김재규 중앙정보부장과 만찬도중 김재규 중앙정부부장과 차지철 경호실장간의 우발적인 충돌사태가 일어나 총탄을 맞고 이날 하오 7시 50분 서거했다고 발표됐다. 박대통령은 총탄을 맞은 직후 김계원비서실장에 의해 급거 서울에 있는 군병원에 이송됐으나 병원에 도착 직전 운명한 것으로 군 병원장의 진단이 내려졌다. 이 사고로 차지철 경호실장을 포함한 5명이 사망했으며 김재규 중앙정보부장은 현제 계엄군에 의해 구속 조사받고 있다(출처: 매일경제신문, 네이버).

12.12 사태 이후 국내·외 정보력을 가지고 있는 신군부 세력은 반대세력인 정승화 육군참모총장과 정병주 특수전사령부 사령관, 장태완 수도경비사령부 사령관 등을 따르는 세력을 정리하고 권력의 핵심 요직을 차지했다. 그리고 신군부 세력은 1980년 5월 17일 비상계엄 전국 확대를 계기로 마침내 국가권력을 잡았으며, 제5공화국의 출범 준비가 시작되었다고 볼 수 있을 것이다.

1979년 11월 대테러 606부대는 대테러임무에 합동수사본부장 전 전두환 대통령의 경호를 담당하는 경호임무를 추가하게 되었다.

당시 대테러 606부대의 전투력과 활동상황을 잘 알고 있던 전두환 합동수사본부장은 본인의 경호임무를 대테러 606부대가 수행하도록 지시했는데, 이는 기존 대통령경호실이 고 박정희 대통령의 경호에 실패했으며, 이후 최규하 대통령 경호를 담당했기 때문이며 동시에 606부대 요원들을 자신이 직접 특수전 사령부 각 여단을 방문하여 선발한 만큼 그 누구보다도 606부대 요원들에 대해서 잘 알고 있었기 때문이다. 전 전두환 대통령은 1979년 11월 606부대요원들을 합동수사본부[20]에 작전 배속하여(서류상 기록 1979. 12.12) 합동수사본부장 전두환 경호를 전담하게 하였다고 하였다.

박정희 대통령 직속으로 비밀리에 운영해오던 606부대는 대한민국 최고의 충성심과 능력을 갖춘 집단이었고, 그만큼 606부대 요원들에 대한 전두환 합동수

20) 1979년 10월 28일과 11월 6일 보안사령관 전두환 소장이 언론을 통해 국민 앞에 등장했다. 10. 26 이튿날 비상계엄이 선포되면서 그는 계엄법에 따라 정승화 육군 참모총장 겸 계엄사령관에 의해 합동수사본부장에 임명됐다(김종필 증언록. 2015년 9월 4일자 중앙일보)

사본부장의 믿음과 신뢰는 대단했다. 합동수사본부장 당시 고 최규하 대통령의 지시에 의하여 서류상 1979년 10월 29일 특전사로 복귀하게 하였으나, 606부대 요원들은 당시 김포 606부대 내에 대기상태로 있었다.

당시 3대 특전사령관 정병주소장(74.12.10~79.12.13)에서 신군부세력인 4대 특전사령관 정호용중장(79.12.13~81.03.04)과 5대 특전사령관 박희도중장(81.03.04~82.11.10)으로 이어지면서 특전사령부는 정치적 혼란기에서 조금씩 안정을 찾아가면서 특공무술의 위력을 알고 있던 4대 특전사령관 정호용중장은 정치적 혼란기에 잠시 중단되었던 특공무술 훈련을 실시하도록 지시하였으며, 이에 제5공수여단 장기오여단장은 특전사령관 시범을 약 2개월 준비(1980.09.02.~1980.11.20.)하여 1980년 11월 21일 사령관 및 육본 참모부장, 각여단장을 대상으로 특공무술시범을 실시하여 전시 공격형 군대무술로 인정받았던 것이다. 이후 각 여단에서 특공무술 교관단을 선발하여 특공무술 집체교육을 통하여 특전사에 보급하였으며, 1980년 10월 전두환대통령을 대상으로하는 대테러 606부대의 특공무술 시범을 통하여 전 군 보급 및 경호작전부대에 특공무술을 보급하라는 전두환대통령의 지시와 함께 특공무술은 빠른 속도로 보급되기 시작했다.

1980년 8월 27일 대테러 606부대를 전 전두환 대통령은 대통령 경호요원으로 대통령 경호실에 배속하였고, 1980년 9월 1일 제11대 전두환 대통령 취임 후 대테러 606부대를 1980년 11월 12일 대통령 경호실 27특공부대로 변경하였으며, 이때부터 고 박정희 대통령 직속 대테러 비밀부대로서가 아닌 전 전두환 대통령의 전담 경호임무와 대테러임무를 수행하는 대통령 경호실의 비밀 요원들로 조금씩 외부에 알려지게 되었다.

제5공화국은 제11대 전두환 대통령을 주축으로 노태우(9사단장), 허화평(보안사령관 비서실장), 허삼수(보안사령부 인사처장), 이학봉(대공수사처장), 장세동(수경사 30경비단장), 정호용(50사단장), 유학성(국방부 군수차관보), 황영시(1군단장), 차규헌(수도군단장), 김윤호(보병학교장),박희도(1공수여단장), 김진영(수경사 33경비단장), 최세창(3공수여단장), 박준병(20사단장), 권정달(보안사 정보처장), 장기오(5공수여단장), 정동호(경호실장 직무대리), 고명승(청와대 작전담당관) 등 당시 하나회가 주축이 되어 제 5공화국이 출범하게 되었다(출처: 네이버).

〈사진 25〉 12. 12 보안사령부 기념 촬영

출처: 연합뉴스 자료사진

이처럼 제5공화국 핵심 권력층이 대한민국 군 핵심 지휘부와 특수전 사령부 지휘관 출신들로 구성되었을 당시 핵심 권력층이 대통령경호실 27특공부대에 거는 믿음과 기대는 대단했는데, 이는 대통령경호실 27특공부대가 특전사 중에서도 최고의 요원들로 이루어져 있으며, 국민과 국가를 위한 임무수행을 위해서라면 항상 목숨도 희생할 준비가 되어 있는 요원들이었기 때문이다.

대통령 경호실 27특공부대 요원들은 국내외 국빈과 귀빈들에게 특공무술 위력 시범을 통하여 언제 어디서든 자신의 생명과 정신, 몸과 마음을 다해 충성으로 나라를 구한다는 의지를 보여주었으며, 경호우발상황 및 대테러상황에 항상 대비하고 있는 대통령 경호실 27특공부대요원들의 실전과 같은 특공무술 위력시범은 보는 이로 하여금 두려움과 탄성을 자아내게 하였다.

전 전두환 대통령은 이러한 대통령경호실 27특공부대원들에게 대단한 신뢰와 믿음을 가지고 있었으며, 대통령 경호실 27특공부대 요원들은 끊임없이 훈련했고, 365일 24시간 비상 대기하였으며, 국가와 국민을 위하여 언제 어디서든 자신들의 단 하나 뿐인 목숨도 희생할 준비가 되어 있었다.

그리고 특공무술 교본과 관련하여 1979년 9월에 시작된 대테러 606부대 특공무술교본 부록에는 사단법인 대한특공무술협회 약칭 특무도라고 정했으며, 협회 정관 및 규약까지 규정하고 있었다.

부대원들의 증언: 특공무술의 최초 교본 발간과정에서 당시 상황으로 교본발간은 606부대 요원들 중에서 한경희, 김만규, 조영식 등의 선배기수들이 주체적으로 주관하여 조별로 술기 담당자 등을 지정하고 교본 촬영시 각자의 맡은 임무와 역할 등을 분배하였으며, 교본 작업은 자율적으로 진행되었다. 그리고 장교로는 신경철중위(육사32기)가 관심있게 참여하였으며, 당시 교본 촬영에 참여한 요원들의 이름은 특공무술교본에 나와 있듯이 오주영, 이천석, 윤순석, 최을수, 안성환, 허영길, 신세균, 서유찬, 김택용, 조병훈, 손용덕, 박승암, 이광선, 김희용, 황한종 등이 참여했으며, 특공무술하면 1977년부터 대테러 606부대, 대통령경호실 27특공부대, 5공수여단, 특전사로 그리고 1988년 이후부터 민간협회로 발전하고 있다는 결론을 맺을 수 있습니다. 라고 증언하였다.

이후, 1979년 9월부터 10월까지 태릉에 있는 한 골프장의 잔디마당과 연무관 및 체육관 등에서 앨범 다섯 권 분량 사진촬영을 실시하여 앨범자료와 함께 교범작업을 완료하고 제본단계까지 완성하여 인쇄와 발행 단계에 있는 상태였으나, 교범발간 직전에 10.26 사건이 발생하게 되면서 무기한 연기되었던 것이다. 특히 교본과 관련하여 당시 27요원들은 대테러교본에 특공무술내용을 포함한 교본작업을 진행하여 완성했다고 말했으며, 그 과정을 설명하고 증언하였다.

그리고 이 앨범과 교범(당시 타자기로 작성한 300여 페이지로 만들어짐)은 장세동 경호실장에게 전달되었고, 장세동 경호실장이 당시 대통령 경호실 합기도 사범(민간인 장수옥)에게 전달하면서 1988년 7월 사단법인 대한특공무술협회 조직과 1988년 9월 2일 대통령 경호실 폐지 및 특공무술 종목 채택(대통령 경호실, 1993 : 193)에 영향을 미치게 된 것이라고 부대원들은 말하고 있다.

대테러 606부대 제1대 부대장인 김택수 부대장의 구술증언: "…급부터 시작해서 유단자까지 되는 과정을 소위 체계화해가지고 만들어가지고 책자로 발간하기 위해서 앨범을 다섯 권 (분량)을 사진 찍고…그러니까 박대통령 시해당할 그 당시에는 앨범이 다 만들어졌다니까.…전(두환) 대통령 때 장세동씨한테 내가 줬다고, 이거(앨범) 를. 내가 보고하니까 장세동씨가 가지고 있다가…경호실용으로 발간하겠다고 하던 차에 안 되었고, 안 된걸(앨범)자료를 가지고 장수옥이가 내꺼야, 한 거야"라고 증언하였다.

그리고 특공무술 보급과 관련하여 당시 대통령 경호실 606부대는 김포공항 내(대통령 경호실 훈련장)에 위치하고 있었으며, 최 근접부대로 1공수여단과 5공수여단이 있었다. 이중 5공수 여단에 선 보급하라는 지시에 의해 대테러 606부대가 5공수여단에 최초로 특공무술 보급을 시작했다.

그리고 1993년 대통령 경호실 27특공부대 경호임무 종료와 부대해체 이후에는 제13대 특전사령관 대장 정영무(육사22기, 1995년 4월 17일~1997년 4월 24일)는 1995년 11월 특수전 사령부 사령관 지시에 의거 각 여단에서 무술 경험자 1명씩 선발・소집하였고, 소령 L씨를 지휘관으로 하여 상사 CH씨, H씨, B씨, M씨, L씨, K씨, K씨로 하여금 특공무술 교리 연구를 실시토록 했다.

1996년 1월 특전사령부에서는 교리 연구관 8명에게 심사관 임명장을 수영하였으며, 임명장을 소지한 심사관 예하 여단 심사 및 지도 교육을 실시하였고, 대대 교관단 집체교육을 실시하고, 반기 1회씩 심사하여 사령관 명의 특공무술 단증을 발급하였다. 이때 발급된 단증으로는 1단 퓨마급, 2단 표범급, 3단 호랑이급, 4단 사자급 이였다.

특수전 사령부는 특공무술 교리연구관을 임명하면서 현장에서 활용 가능한 실전적인 이론과 실기 정립을 통한 대한민국 특수전 사령부소속 각 여단 심사관단이 결성되었으며, 이들의 연구와 각 여단 교관단들을 대상으로 하는 교관단 교육을 통하여 예하 여단에 까지 특공무술이 임무 수행시 필요한 필수무술로써의 확실한 기틀을 마련하는 기회를 잡았다.

제18대 특전사령관 대장 백군기(육사29기, 2004년 5월 29일~2005년 11월

3일)는 2005년 1월 15일 사령관 및 처장급이 배석하여 사열을 통하여 전 여단에 보급할 것과 기존에 사용하던 특전무술 용어를 특공무술로 변경하여 사용할 것을 지시하였다.

그리고 제21대 특전사령관 중장 최용림(육사33기, 2009년 04월 22일~2010년 12월 27일)은 2009년 10월 1일, 제61주년 국군의 날에 육군본부 계룡대에서 건국 이래 최초로 특공무술 명칭으로 시범을 실시하였다.

또한 2011년 9월 1일 제22대 특전 사령관 대장 신현돈(육사 35기, 2010년 12월 27일~2011년 11월 16일)은 특수전 사령부 교육 훈련처 교육과에 대한민국 군 역사상 최초로 특공무술 담당 보직을 신설하고 대통령 경호실 27특공부대 출신인 특공무술 심사관 1명 문종일(당시 원사, 특전모병13기)을 선발하여 특공무술 업무를 총괄하게끔 하도록 지시했다.

2019년 제29대 특수전사령부 김정수사령관(육사43기)은 관련부서에 명령을 하달하여 문화체육관광부와 국민체육진흥공단 그리고 경찰청 및 관련 부처에 공문을 보내면서 특공무술의 창시연혁을 최초로 공개했고 문화체육관광부 전통무예백서에 특공무술 창시는 대한민국 군이라며 처음으로 군의 입장을 밝혔으며, 2020년 경찰청과의 업무협약을 통한 특수전 사령부 사령관 명의 단증을 경찰청에서 인정하기로 협약하였다.

즉, 특공무술은 처음에는 대테러 606부대에서 대테러작전용으로 개발되었으나 대테러 606부대가 대통령경호실 27특공부대로 부대명이 바뀌면서 임무가 변화함에 따라 특공무술이 경호작전에 필요한 경호술 등 경호용으로도 개발 · 발전 되었다. 이후 특공무술은 대한민국 특수전 사령부의 특전무술과 융합하여 일반 국민들이 자신의 안전을 지킬 수 있는 호신용과 경호 · 경비 · 보안 · 경찰인원들이 임무에 활용할 수 있는 제압용 그리고 특수임무를 수행하는 대테러작전요원과 특수전 요원들이 살상용으로 활용할 수 있도록 개발 · 발전되어 점차 구체화되었으며 체계화되었다. 현재 대한민국 군에서의 특공무술은 대한민국 군의 필수무술이며, 군은 특공무술의 실전적 기법을 변화하는 현대전에 맞춰서 개선, 유지 및 보급하고 있다.

7. 군부대 특공무술 진행과정

특공무술은 대한민국 최초 대테러 부대인 606부대의 부대임무수행이 기존의 무도로는 적합하지 않다는 판단하에 606부대 요원들이 자체적으로 부대 임무수행에 적합한 새로운 무술을 개발하는 과정에서 탄생한 무술이다.

1977년 10월 20일 대테러 606부대는 김종헌 특공대장을 중심으로 잠정 편성되어 있었으며, 당시 청와대 내 66대대의 비어있던 6제대 막사를 활용하였다. 이후 청와대에서 제1공수여단 막사로 이동하였으나 곧바로 김포공항내 606부대로 자리를 잡게 되었다.

이후 1978년 6월 1일 김택수 초대부대장을 중심으로 606부대가 정식으로 창설되었는데, 당시 요원들이 무술개발과 시범 등 특공무술에 관한 모든 활동 및 진행사항을 담당했다.

또한 청와대 시범을 준비하면서 부대 자체적으로 수차례 시범관련 예행연습(豫行演習)과 자체시범을 실시하였으며, 대외적으로는 1978년 11월 16일 청와대 연무관에서 606부대원들은 당시 청와대 연무관에서 차지철 경호실장과 작전부대장에게 1차 시범을 실시(제27특공부대, 1988; 43)한 후 2차 1978년 11월 28일 606부대 특공구국관에서 1공수여단장에게 시범하였으며, 이때 1공수여단장은 특전사령관에게 특공무술의 위력에 대하여 보고하였다. 이후 3차 시범으로 1978년 12월 1일 606부대 특공구국관에서 참모총장과 4차 1979년 2월 3일 청와대 연무관에서 작전차장보 김복동, 작전부대장에게 그리고 5차 1979년 6월 12일 청와대 연무관에서 박정희 대통령외 60명에게 시범을 실시했다. 6차 1979년 6월 21일 청와대 시범으로 해병대 99여단(저도 근무자) 7차 1979년 6월 26일 특전사 정병관에서 특전사령관 및 각 여단장과 참모 등 (자료 : 제27특공부대

1988 : 44)에게 시범을 실시했다.

그리고 정치적으로 혼란했던 시기인 당시에도 606부대원들은 특공무술을 단련하고 있었고 특공무술시범 요청이 있을 때는 시범을 실시하였다.

이뿐 아니라, 606부대는 1979년 9월경에 시작되었던 특공무술 교본작업까지 진행했다. 그리고 1980년 10월 대테러 606부대가 전두환 대통령에 특공무술 시범을 보였는데, 당시 시범단장은 오형근 부대장, 시나리오 작성은 조윤기 작전참모(당시 소령), 시범진행은 고명승 대령이 맡았으며, 시범 실시자는 대테러 606부대 요원들이었다.

대테러 606부대가 1980년 11월 12일 부대명이 대통령경호실 27특공부대로 변경되면서 특공무술의 체계정립과 적극적인 보급 및 전파가 시작되었다. 또한 당시 300여 페이지 분량의 특공무술 교본 작업을 완성하여 출판을 앞두고 있었다.

제1대 김택수부대장의 증언“ 이 교범(당시 타자기로 작성한 300여 페이지로 만들어짐)은 장세동 경호실장에게 전달되었고, 장세동 경호실장은 당시 대통령 경호실 합기도사범에게 전달되면서 1988년 7월 사단법인 대한특공무술협회 조직과 1988년 9월 2일 대통령 경호실 타 무도종목 폐지 및 특공무술 종목 채택(대통령 경호실, 1993 : 193)에 엄청난 영향을 미치게 된 것이라고 하였다.

그리고 특수전사령부 제5공수여단장 단장 장기오 장군은 특공무술을 대통령경호실 606부대에 의해 교육 · 보급 받고 전장에서 활용가능한 야삽과 소총 등의 일부 내용의 추가와 개선내용을 담아 특전무술의 전장무술부분을 추가하였고, 당시 제4대 사령관 중장 정호영(육사 11기, 1979년 12월 13일~1981년 3월 4일)과 제4대 5공수 여단장이었던 준장 장기오 그리고 당시 제25특전대대 대대장 중령 이정균(육사23기), 15지역대 지역대장 대위 황인기(3사 7기)은 예하부대원을 대상으로 특공무술을 교육하였다.

제5공수여단 25특전대대 15지역대 지역대장 황인기대위(3사 7기)의 구술증언(2020. 04. 03):“육군본부 연병장에서 육군본부 설립이래 처음시범으로 특전사에서는 군복을 입고 훈련을 했던 것이고... 그래서 당연히 군복을 입고 하는 것으로 알고 있었고, 그냥 그대로 군복 차림에 시범을 했던거야... 특공무술 훈련중에 많은 인원이 부상을 입었고...3여단 우리 동기(3사7기)는 죽었다고..라고 하였다.

1980년 9월 2일부터 11월 20일까지 약 2개월의 특공무술 집체교육을 통하여(특수전 사령부.1980:162) "1980년 11월 21일, 사령관 및 육본 참모부장, 각 여단장을 모신 가운데 시범을 실시하여 전시 공격형 군대무술로 인정받았다. 이후 전투에 필요한 군대무술로써 특공무술 중 단전호흡, 품새, 겨루기 그리고 무기 사용법 중 대검, 몽둥이, 소총과 낙법, 격파로 구성하여 육군시범을 보였던 것이다.

그리고 이와 관련된 특수전 사령부(2015.10. 6)내용은 1980년 11월 21일 제5공수특전여단 제25특전대대 15지역대 특전요원들은 당시 특공무술 시범을 실시하였으며, 술기내용으로는 단전호흡, 품세(형), 겨루기, 무기사용법(대검, 몽둥이, 소총), 낙법, 격파였으며, 시범진행 후 결과 우수로 평가하여 각 여단의 교관요원 집체교육 2회를 실시 각 여단에 보급하였다.

1985년 이전 제5공수특전여단 시범 팜플렛 자료 및 교안자료에는 명칭을 '특전무술'로 사용하였으며, 1986년 이후 육군본부 교육참고 21-20-1 (1986, 4, 30)부터는 명칭을 '특공무술'로 사용하였다.(관련근거 : 야전교범 39-0-3('07.5.30) 특공무술 부5-1특공무술 변천과정 '특전무술'과 '특공무술'로 명칭을 혼용사용하였으나 '05. 1. 15 특수전사령관 지시에 의거 '특공무술'로 용어를 재정립하였다.

그리고 1981년 4월 22일 제 5대 5공수여단장 준장 홍은표 당시 5공수여단은 육군본부 광장에서 제 24대 육군참모총장 대장 황영시 배석 후 최초로 전투복, 전투화 등 군복을 착용한 상태로 특공무술 시범을 실시하였다.

이후 당시 제4대 사령관 중장 정호영 장군(육사 11기, 1979년 12월 13일~1981년 3월 4일)의 특수전 사령부는 대테러 606부대로부터 대테러작전훈련 과목중 헬기레펠, 건물레펠, 특공무술 교육을 특수전 사령부 소속 각 여단에 보급하여 훈련하도록 하였다.

대테러 606부대로부터 특공무술을 집체교육을 받은 제5공수(현 국제평화지원단)교관단들은 제5공수 제25특전대대 15지역대 특전요원들에게 특전무술의 장점을 도입하여 개선된 특공무술을 보급하였는데, 이는 특공무술이 군에서 전장무술로서 발전하는 계기가 되었다. 특수전 사령부 특공무술 초기 개선발전과정은 다음 〈표 8〉과 같다.

〈표 8〉 특수전 사령부 특공무술 초기 개선발전과정

<table>
<tr><th>구 분</th><th colspan="2">공격 · 방어 술기</th><th>형</th></tr>
<tr><td>기존
(대테러 606부대)
1979년 9월.10월
교본</td><td>• 기본꺾기 15
• 손목꺾기 5
• 의복꺾기 5
• 족방어술 6
• 봉술 5
• 방투기 5
• 권총 5
• 대검방어 5
• 포박연행 5
• 단도살상 10
• 혈타법
• 유도막기술</td><td>• 선수꺾기 15
• 안손목꺾기 6
• 연행술 4
• 투기술 5
• 뒷수 11
• 잡기 10
• 좌기 5
• 와기 5
• 관절꺾기 10
• 2인 · 3인처리
• 평수법
• 체포술</td><td>• 기합짜기
• 기본자세
• 수 · 족기술
• 낙법
• 기본6개형
• 근대련
• 특공4개형
• 특공 고급형
• 대검형</td></tr>
<tr><td rowspan="3">개 선</td><td colspan="2">1차 개선 (1980년)
• 봉 6
• 권총 3
• 소총방어 3
• 대검 맨손 막기 3
• 대검 약속 겨루기 3</td><td>1차 개선
특무1 · 2형
대검형</td></tr>
<tr><td colspan="2">2차 개선 (1983년)
• 봉 6
• 권총 3
• 소총 3
• 대검 6</td><td>2차 개선
특무1 · 2형
대검형</td></tr>
<tr><td colspan="2">3차 개선(1986년)
• 수기 및 족기공격 8
• 맨손 대 맨손 14</td><td>3차 개선
특공형
특무형</td></tr>
</table>

구 분	공격 · 방어 술기	형
	• 대검 8 • 권총 및 포승줄 4 • 소총 5 • 야전삽(몽둥이) 4 • 포박 및 교살 6 • 연행술 3 • 납치 및 대납치 5	대검형

출처: 염대관(2015)

또한 1980년 대통령 경호실 27특공부대 특공무술 미 발간 교본에는 이미 사회단체 사단법인의 설립 등, 자격증(단증) 발급 등에 관한 자세한 절차와 명칭 그리고 회칙까지 규정하고 있었다.

1986년 4월 30일 "육군본부 교육 참고 21-20-1에서는 특공무술의 교리 개선은 우리 모두의 책임이다"라고 기록하고 있으며, 특공무술 교본의 잘못된 점이나 발전시킬 사항을 발견 시에는 본 교범 뒤에 첨부된 양식을 이용 · 개선 건의 및 오류보고(통보)를 수신자 앞으로 우송한다. 라는 내용과 함께 접수된 건의사항은 심의 후 전투발전 유공자로 포상함을 알리고 있다.

이와 같이 특전사에서는 당시 특전무술 교본의 완성 및 특공무술의 개선책까지 진행되었음을 알 수 있다. 또한 제18대 백군기사령관 당시 2005년 1월 15일 기존의 특전무술에서 특공무술로 명칭사용의 변경과 함께 1979년 말경 606부대 요원들이 작업한 특공무술 교본은 대통령 경호실 27특공부대로 명칭이 변경되면서 특공무술교본은 당시 편찬을 못하였으나, 1차 교본 300여 페이지 분량으로 기본 제작본이 만들어져있던 자료를 토대로 2차 대테러작전과 특공무술 교본을 제작하여 프로그램의 체계 확립 및 개선, 보급 발전시키고 있었다. 606부대와 대통령 경호실 27특공부대 특공무술 교본은 다음 〈표 9〉와 특수전 사령부 연도별 특공무술 술기개선 진행표는 〈표 10〉과 같다.

〈표 9〉 606부대와 대통령 경호실 27특공부대 특공무술 교본

년 도	내 용
1978년 ~ 1993년	1) 준비운동 2) 기본자세 및 동작 3) 낙법 4) 대련(약속대련, 자유대련, 2인 처리술(손목 의복수, 활용술, 봉 대련, 단도 방어, 유도 막기, 목 풀기), 3인 처리술(권총 방어, 족 방어술, 뒷수 좌기, 3인 대련, 포박 연행술, 투기 잡기술, 단장술) 5) 형(품세: 기본형, 특공형, 고급형, 대검형) 6) 응용술(급소, 호흡법, 호신술, 격파) 7) 수련방법 및 과정 8) 협회회칙 및 운영방법

출처: 염대관(2015)

〈표 10〉 특수전 사령부 연도별 특공무술 술기개선 진행표

년 도	내 용
1978년	1) 준비운동 2) 기본자세 및 동작 3) 낙법 4) 대련(약속대련, 자유대련, 2인 처리술(손목 의복수, 활용술, 봉대련, 단도방어, 유도막기, 목풀기), 3인 처리술(권총 방어, 족 방어술, 뒷수 좌기, 3인 대련, 포박 연행술, 투기 잡기술, 단장술) 5) 형(품세: 기본형, 특공형, 고급형, 대검형) 6) 응용술(급소, 호흡법, 호신술, 격파) 7) 수련방법 및 과정 8) 협회회칙 및 운영방법
1980년	1) 기초공격술(수기, 족기, 대검, 야전삽, 권총 및 포승줄) 28수 2) 기초호신술(맨손 대 맨손, 무기 대 맨손) 25수 3) 품세(특무 1형, 특무 2형, 대검형) 3개 4) 무기단련 (봉, 권총, 소총, 대검) 18수
1986년	1) 기초공격술(수기, 족기, 대검, 야전삽, 권총 및 포승줄) 28수 2) 기초호신술(맨손 대 맨손, 무기 대 맨손) 25수 3) 품세(특전형, 무기형) 2개 4) 무기단련 (권총, 소총, 야전삽, 포박 및 교살, 연행술, 납치 및 대납치) 36수

년 도	내 용
1995년	1) 기본동작(기본자세, 공격 및 방어동작, 무기단련) 2) 품세(기초형, 특공1형, 특공2형) 3) 겨루기(기본동작, 약속겨루기, 자유겨루기) 4) 체포 및 해체
2007년	1) 기본동작(기합짜기, 손.발기술, 낙법, 꺽기기술, 메치기기술) 2) 품세(기본형, 중급형, 고급형, 대검형) 3) 겨루기(맨손 대 맨손, 맨손 대 무기, 무기 대 무기, 전장 상황 하 살상기술)
2010년	* 2007년 기술체계에서 전장 상황 하 인명 살상기술 36수 추가
2014년	1) 기본기술(품세, 낙법, 격파) 2) 격투기술(실전타격, 자유겨루기, 그레플링) 3) 살상기술(맨손살상, 대검활용, 기타무기 활용, 경계병 처치)

출처: 염대관(2015)

대통령 경호실 606&27전우회 회원들과 특수전 사령부 특전요원들의 노력으로 자료의 보존 관리와 함께 특공무술은 대한민국 군의 전투력 향상에 많은 도움을 주고 있다.

군부대 특공무술훈련 진행과정으로 1996년 특수전 사령부에서는 제13대 사령관 중장 정영무는 교리 연구관 8명에게 심사관 임명장을 수여하여 특공무술 승단 심사 및 지도 교육을 실시하고, 대대 교관단 집체교육을 실시하였으며, 반기 1회씩 심사하여 사령관 명의 1단(퓨마급), 2단(표범급), 3단(호랑이급), 4단(사자급) 단증을 발급하였다.

이후 대한민국 특수전 사령부에서는 민간특공무술단체 사단법인 대한민국 특공무술협회, 한국특공무술협회, 대한특공무술협회는 업무협약(MOU)를 통하여 대한민국 군에서 가산점을 인정받는 단체로 군인들에게 희망자에 한하여 행정비를 본인이 부담하는 선에서 2019년까지 민간 사단법인 단증으로 재발급해주고 있었으며, 이들 협회와 계속적인 세미나 등을 통하여 특공무술을 수정, 보완, 유지, 발전시켜나가고 있었다.

그리고 군은 특공무술 도입 후 다양한 방법과 방안을 가지고 특공무술을 통한 군 기량을 향상시키기 위해 노력해왔고, 현재는 특공무술 야전 교범 발간 및 동영상 C.D 제작 등 다양한 방법으로 교육의 질 향상을 꾀하기 위하여 부단히 노력하고 있었다.

특히, 2010년부터는 실전 격투술 및 살상기술 도입 후 훈련 체계 중 특공무술 훈련방법을 체계적으로 명시하여, 특전 요원으로서 기본을 수련하고 살상기술을 완성하는 훈련 체계를 실시하고 있다. 그리고 현재도 특수전 사령부 특공무술 교관단들이 현대전에 맞춘 특공무술을 개선·보급하고 있다.

그리고 이와 관련된 문화일보(2011.02.17.) 내용을 보면 육군이 특공무술, 저격수, 유격 등 전투 능력과 관련된 자격증제를 오는 2011년 06월부터 육군 자격증제도에 특공무술을 도입하기로 확정했다. 이에 따라 자격증을 딴 간부들은 진급 등에서 가점을 받고, 병사들은 개인 전투력 평가에서 전투프로 등급(1급) 이상을 받으면 조기 진급도 가능해졌다.

육군은 17일 "강한 전투형 군대를 만들기 위해 '간부자격증제'와 '자격인증제'를 도입하기로 했다"고 밝혔다. 간부자격증제는 부사관 이상 간부를 대상으로 전투 및 야전 임무 수행에 필요한 핵심 과목에 대해 자격증을 주는 제도다. 학교 교육 자격증(6월 시행)과 특전사 자격증(6월 시행), 공인기관 자격증으로 나뉜다.

학교 교육 자격증 가운데 하나인 유격 자격증은, 체력은 특급, 장애물 극복과 산악정찰에서 A등급 등 전 과제에서 90% 이상 평가를 받으면 딸 수 있다. 특전사 자격증은 공수, 스쿠버, 산악전문, 특공무술, 저격수 등 5가지다.

자격인증제는 야전부대 지휘관이 기준 이상 능력 보유를 인증해 주는 제도다. 개인화기 사격, 체력단련, 정신전력, 전투기량 등 4개 과목을 평가하는 '개인전투력 평가'(3월부터 시행)가 대표적이다. 육군은 자격증 취득사실을 자력표(인사기록 카드)에 기록해 진급과 보직 심의 등에서 가점을 부여할 방침이다.

특공무술 기본과제로는 기본 교범으로 육군 자격화 및 야전 개방형 교육 확대로 특전사 전 장병 및 야전부대(특공, 수색, 정찰, 헌병 특임대) 인원의 수련과제로 시범 시 품세 및 약속겨루기 부분을 참고하여 활용하고 있다.

또한, 실전 격투술을 활성화하기 위하여 손·발기술과 그래플링, 자유겨루기와 장비사용 무기술 그리고 인명살상기술 등의 훈련을 실시하고 있다.

특히, 2018년과 2019년 2년여에 걸쳐 문화체육관광부 전국특공무술협의회 소속 전국 특공무술 14개 단체장들(대다수의 장수옥의 제자들로 이뤄진 민간인 단체장들)과 임원들이 특공무술의 창시자를 민간인 장수옥으로 세우려고 했다.

그러자 대한민국 특전사 출신으로 구성된 사)대한민국 특공무술협회에서 특수전사령부와 관련부처에 공문서를 관련 자료와 함께 발송 및 민원을 제기하면서 특공무술은 대한민국 군에서 창시했다는 것을 명백히 밝히라고 강력하게 요구하면서, 특공무술 창시 이후 처음으로 2019년 제29대 특수전 사령부 김정수 사령관(육사43기)은 관련부서에 명령을 하달하여 문화체육관광부와 국민체육진흥공단 그리고 경찰청 및 관련 부처에 공문을 보내면서 특공무술의 창시연혁을 최초로 공개했다.

또한 문화체육관광부 전통무예백서에 특공무술 창시는 대한민국 군이라며 처음으로 군의 입장을 밝혔다.

그리고 2020년 경찰청과의 업무협약을 통한 특수전 사령부 사령관 명의 단증을 경찰청에서 인정하기로 협약하였다.

현재 대한민국 특수전 사령부와 특공무술 심사관 및 교관단은 피나는 노력과 연구를 통해 특공무술의 특징인 실전성을 돋보이게 하면서도, 현대전에 맞게 개선하고 있다. 이러한 노력의 결과, 현재는 육군, 해군, 공군에서 다양한 특수전 요원들이 임무수행에 적합한 특공무술을 단련하고 있다.

8. 특공무술 관련 민간인들의 주장에 대한 반론(反論)

우리는 특공무술의 역사적 배경을 알아야 하며, 변천과정과 현재 진행상황을 정확히 알아야 한다. 이를 통해 특공무술과 관련한 민간인들의 일부 주장이 사실이 아니라 거짓 주장임을 깨달아야 하며, 특공무술의 역사에 대한 기나긴 진실공방을 이제는 마무리해야 한다.

특공무술의 역사는 창시자라는 단어에서부터 시작해야 할 것 같다.

창시자(創始者)는 어떤 사상이나 학설 따위를 처음으로 시작하거나 내세운 사람이다.

그렇다면 과연 특공무술의 초기과정에 일부 조언자 등 아주 조금이라도 관계된 사람은 모두 다 창시자라고 말할 수 있는 것인가? 그렇지는 않다. 다만, 초기과정에 일부분 조언(助言)한 사람은 굳이 말한다면 특공무술에 공헌을 했다고 생각할 수 있을 것이다. 그리고 특공무술에 혼신의 힘을 다하였으며, 특공무술 개발과 체계구축 그리고 보급과 연구에 참여한 모든 사람들이 공로자인 것은 분명하다.

특히, 특공무술 탄생과 관련하여. 일부 민간인들이 스스로를 특공무술의 창시자라고 주장하는 부분에 대하여, 지금까지는 대테러 606부대와 대통령경호실 27특공부대 요원들이 당시 특수한 신분으로 그동안 침묵하고 있었으나, 이제 그들이 진실을 말하고 있다.

특공무술은 부대원들이 직접 특공무술 명칭을 정했으며, 프로그램에 필요한 각종 술기를 만든 무술이다. 일부 민간인들은 당시 대외적인 시범준비를 위한 합기도의 일부 기술을 적용하는 과정에 조언을 해준 조언자의 위치였으며, 지도자의 위치는 결코 아니었음을 당시 특공무술 개발에 참여한 대테러 606부대와 대통령경호실 27특공부대 요원들이 말하고 있다.

현재 2020년까지 본인이 특공무술의 창시자라 주장하는 민간인은 장수옥관장(국술원 합기도 관장/ 1947년생으로 1978년 당시 만30세/ 출처: 네이버, 2019)과 박노원 사범(국술원 합기도 사범/ 1956년생으로 1978년 당시 만21세, 1980년 당시 만23세/ 출처: 네이버, 2019)으로 2명이다.

그러나 그들은 대통령경호실 606&27 전우회 회원들 앞에서는 창시자라고 주장하지 않는다. 그리고 창시자라고 말한 적이 없다고 한다. 또한 특공무술 무명을 직접 정했느냐는 질문에도 그런 적이 없다고 하고 있다.

먼저 대테러 606부대와 장수옥(국술원 합기도 관장/ 1947년생으로 1978년 당시 만30세)의 인연은 다음과 같다.

우선, 대테러 606부대 제1대 김택수 부대장의 고교동창으로 김복근 원장은 친구이며, 당시 의무대가 준비되어 있지 않던 상황하에서 606부대원들을 무료로 치료해준 인연이 있다. 그리고 김복근 원장과 알고 지내던 김단화(장수옥의 처)의 남편이 장수옥 사범이다.

특공무술 외부시범을 준비중이던 김택수 부대장은 고교친구인 김복근 원장의 소개로 김단화의 남편인 장수옥 사범을 알게 되었으며, 김복근 원장의 추천에 의해 고 김택수 부대장이 한번 보자고 하여 장수옥 사범과 일행(당시 사범과 수련생)의 합기도 시범을 본 후 잠시 인연이 시작되었으나 박정희대통령 시해사건인 10.26사건으로 관계는 중단되었다.

장수옥 사범(국술원 합기도 관장/ 1947년생으로 1978년 당시 만30세)이 특공무술의 창시자라는 주장내용과 그에 대한 반박 증언들은 아래와 같다.

부대원들의 증언: 민간인의 경우 여러 사람들이 거론되고 있으나, 가장 먼저 거론되고 있는 장수옥 사범의 경우 본인이 직접 주장한 처음 내용으로는 “국내최강의 무도인을 찾아 606부대의 무도사범으로 채용하라”는 대통령 경호실장의 지시에 의거 국내 최고 수준의 무도인 40명을 초청, 대통령 경호실장 앞에서 직접시범을 보이게 하여 가장 훌륭한 기량을 보인 “장수옥”을 무도사범으로 선정하여, 합기도, 태권도, 유도의 장점을 종합한

실전무술을 개발, 부대원들에게 피나는 훈련을 시키게 했다는 주장은 터무니없고 황당무계한 개인의 주장이며, 전혀 근거가 없는 거짓이다 라고 말하고 있다.

또한 장수옥 사범의 경우 본인이 직접 주장한 두번째 내용으로는 대테러 606부대와 아무런 관련성이 없는 1.21사건(일명 : 김신조사건)을 들먹이면서 김일성의 명령으로 1968년 1월 21일에 북한군 소속의 군인 31명이 대한민국 청와대를 기습하여 당시 대한민국 박정희 대통령을 제거하려다 미수에 그친 사건으로 당시 유일하게 생포되었던 김신조의 이름을 따서 김신조 사건이라고도 칭하고 있는 사건을 특공무술과 연관 지어 남파간첩들이 북한의 무술인 격술이 대한민국 군인들이 하고 있는 무술 보다 우월하다고 하여 장수옥 사범을 초빙하여 북한의 격술을 능가하는 무술을 만들도록 했다는 황당한 이야기 또한 황당무계한 개인의 주장이며, 전혀 근거가 없는 거짓에 불과하다고 부대원들은 증언하였다.

그리고 대테러 606부대 청와대시범 당시 민간인 장수옥이 민간인 신분으로 시범을 실시한 것은 606부대의 배려로 찬조출연을 한 것이며, 민간인 장수옥 합기도 사범은 당시 합기도장을 운영중인 관장으로 합기도 시범을 보여준 것이었다고 강조하면서 말했다.

대테러 606부대요원의 증언: "당시 사범이라는 용어에 대하여 현재 우리가 알고 있는 기술을 타인에게 가르치는 사람으로 알고 있는 것과는 다른 단순히 당시의 적합한 호칭을 사용할 수 없어 일반적으로 통용되는 호칭인 사범의 단어를 사용했을 뿐 합기도 프로그램을 배운 것이 아니었으며, 시범에 필요한 일부 술기를 조언해주는 정도이었지...."

대통령경호실 27특공부대 제2대 부대장 오형근 부대장의 증언: "장수옥이는 그때 누가 소개해서, 와라해서 고용한게 아니고 시간제로 들랑날랑 하면서 거기 참여를 했다고 그럽디다"(출처: 김은정. 2008)

다음은 이 내용과 관련된 27특공부대의 제2대 부대장인 오형근 부대장의 증언과 대통령경호실 606 & 27 전우회원들과 장수옥과의 만남의 자리에서 있었던 일이다.

제2대 부대장인 오형근 부대장의 구술증언: "...장수옥이가 정말 어렵게 살고 있더라고 그래서 내가 부대 운영비로 급여를 챙겨줬고, 당시 청와대 합기도 사범으로 넣어 줬다고... 그리고 특공무술은 장수옥이가 창시한 것이 아니야... 장수옥이는 우리 부대원들에게 잘해야지 그러면 안되지..."라고 하였다

부대원들의 증언: 2019년 1월 31일 서울에서 진행된 대한민국 606부대와 27부대요원들(전우회원들)과 민간인 장수옥의 만남의 자리에서 있었던 부대원들의 질문에 대해 민간인 장수옥은 본인은 단 한 번도 자신이 특공무술 창시자라고 주장한 적이 없으며, 신문 등 방송매체에서 잘못 보도한 것이며, 오보라고 부대원들 앞에서 말했다.

특히, 당시 1977년 10월 20일 대테러 임무수령 초창기 특공요원부터 1993. 3. 14 대통령 경호 임무종료와 1994년 8월 15일 부대해체까지 대한민국 606 & 27 전우회 회원들 앞에서는 단 한 번도 자신이 특공무술 창시자라고 말한 적이 없었다.라고 강조하였다.

이후, 제 5공화국 출범으로 1980년 8월 27일 다시 대테러 606부대가 대통령 경호실로 들어가게 되었고, 1980년 11월 12일 대통령경호실 27특공부대로 부대 명칭을 바꾸면서 제2대 부대장인 오형근 부대장이 추천하여 청와대 합기도 사범으로 집어넣어 준 것이었다.

제2대 부대장 오형근의 구술증언: 우리(27부대)가 경호실로 들어오고 그러면서, 장수옥 사범을 청와대 사범으로 추천해서 내가 집어넣었어요. 그래서 그 때 그 사람이 들어가서 80년도 가을 쯤 들어갔는가? 그래서 작년까지 한 23년간 있었죠...."

부대원의 증언: " 당시 특공무술 개발에 누가 참여했냐면 정확하게 말하면 지휘관이 명령하면 부대원이 직접 실행하는 지금도 그런 지휘체계이지만 당시에도 김택수 부대장과 일부 지휘관이 나오지만, 당시로 보면 지휘관도 몇 명 없었고 무술에는 전적으로 김택수 부대장 명령에 의해서 606부대 당시 하사관(부사관) 그러니까 요원들이 처음부터 참여했다고

그리고 장수옥 사범이 시범에 필요한 일부 합기도 술기 중에서 조언을 해주는 정도의 도움을 주었던 거죠. 장수옥 사범은 전북 익산(이리)에서 무문관 그러니까 국술원 합기도

도장을 개설해서 운영하고 있었고 부대로 들어오고 하는 절차나 그리고 당시 합기도 도장을 하고 있었으니까 수련생들을 지도해야 먹고 사는 문제도 있었고,

그리고 지금도 마찬가지지만 특전요원에게 한 서너번 지도하면 다하는 거지 뭐 그리고 대충하기도 했고, 그 땐 그랬어, 왜? 무도하면 당시로서는 할 만큼 했던 요원들이고, 산전수전 공중전까지 다해보고 매일 죽음의 문턱까지 왔다 갔다 하는 요원들이 뭔들 못했겠어...."

그리고 전 전두환 대통령에게 보인 대통령경호실 27특공부대의 시범[21] 당시 장수옥 사범이 시범을 했던 것은 장수옥 사범의 요청으로 오형근 부대장이 부대원 시범 종료 후 합기도 장수옥 사범의 합기도 시범을 할 수 있도록 배려해주었기 때문에 실시 된 것이었다.

정리하면, 대통령경호실 606 & 27특공부대 제2대 오형근 부대장이 추천하여 청와대 합기도 사범으로 집어넣어 준 이유는 오형근부대장의 증언에 의하면, "장수옥이가 정말 어렵게 살고 있더라고 그래서 내가 부대 운영비로 급여를 챙겨줬고, 그리고 당시 청와대 합기도 사범으로 넣어 줬다고..." 증언하였으며, 장수옥 합기도사범은 1980년 11월 1일 청와대 합기도사범으로 임용되어 1988년 9월 1일까지 합기도사범으로 근무하였다. 이후 1988년 9월 2일부터 2002년 3월 31일까지 특공무술사범으로 대통령 경호실 별정직 무도사범으로 근무했던 것이다.

대통령경호실 606 & 27특공부대 제2대 부대장 오형근의 구술증언 재인용 : "80년도 6, 7월 쯤 되나? 내가 정식으로 우리부대 사범으로(장수옥을) 채용했어요. 근데 그것도 엉터리지. 명령이 난 것도 아니고, 내 지휘관 구두로. (부대에서)사범 급여가 나오는 것도 아니고, 내가 그냥 부대 운영비에서 사범 월급을 준 거예요. 그래서 하다가 우리(27부대)가 경호실로 들어오고 그러면서, 장수옥 사범을 청와대 사범으로 추천해서 집어넣었어요. 그래서 그 때 그 사람이 들어가서 80년도 가을 쯤 들어갔는가? 그래서 작년까지 한 23년간 있었죠...."

---

21) 1980년 10월 전두환 대통령 임석 청와대 연무관 시범. 시범 단장 : 오형근부대장(당시 중령) 시나리오작성 : 조윤기 작전참모(당시 소령) 시범진행 : 고명승대령(당시 대위) 시범 인원 : 27특공부대원. 보조출연 장수옥, 김단화

이후, 1988년 7월 당시 대통령경호실 여러 무도종목의 사범들중 합기도 사범인 장수옥 사범이 주축이 되어 특공무술협회를 설립하였으며, 사단법인 대한특공무술협회(체육부장관 사체 2591-3618) 설립인가로 이때부터 민간 특공무술관련 공식적인 활동을 시작했는데, 2002년 3월 31일가지 청와대 특공무술사범으로 활동하다가 퇴직하면서 민간사회에 나와 특공무술을 민간에 전파하기 시작한 것이다.

그리고 청와대 대통령경호실에서는 1993년 3월 14일 대통령 경호실 27특공부대 해체이후 경호요원들이 수련해야 하는 여러 무도중 일부 관련인원의 실수로 특공무술을 수련종목에서 제외시키는 결과를 초래했다. 특공무술이 청와대 무도수련종목에서 퇴출된 이러한 상황을 만들 사람들에게 특공무술인들은 분노해야 할 것이다. 그러나 안타깝게도 그 누구도 민간 특공무술인들은 이러한 상황을 감지하고 못하고 있는 것 같다.

여기서 주의 깊게 봐야할 점은 먼저 특공무술 교본과 관련하여 1979년 9월에 시작된 대테러 606부대 특공무술교본 부록에는 사단법인 대한특공무술협회 약칭 특무도라고 정했으며, 협회 정관 및 규약까지 규정하고 있었으며, 당시 요원들이 이미 앨범자료와 함께 교본작업을 진행하여 제본단계까지 완성하여 인쇄와 발행 단계에 놓여있는 상태였다는 점이다.

그리고 이 앨범과 교범은 장세동 경호실장에게 전달되었고, 이를 장세동 경호실장으로부터 전달받은 장수옥 사범이 대테러 606부대와 대통령경호실 27특공부대원들이 제작한 교본 맨 뒷면에 수록되어 있는 사단법인 설립 및 협회명칭 등의 자료를 토대로 1988년 7월 사단법인 대한특공무술협회[22]를 설립하여 민간사

22) 당시 부대원들이 제작한 교본 맨 뒷면에는 다음과 같은 협회 회칙을 규정하고 있었다.

제7편 협회 회칙 편에는 다음과 같은 내용들로 수록되어있다.

정 관

제1장 총칙

제 1조 (목적) 본 법인은 한국 고유의 특수한 무술과 기법 및 기타무술을 종합, 체계화하여 과학적 분석과정을 통하여 한국인의 신체구조와 생활형태(生活形態)에 적용함으로서 다변화(多變化)하는 국제사회의 주역으로서 발전해 가는 대한민국에서의 장차 예기되는 각종 테러리즘의 표현 형태인 암살, 납치 등의 폭력적 행위로부터 개인을

회에서 처음으로 특공무술을 시작했다는 점이다.

그리고 청와대 대통령경호실에서는 1993년 3월 14일 대통령 경호실 27특공부대 해체이후 경호요원들이 수련해야 하는 여러 무도중 일부 특공무술 관련인원의 실수로 특공무술을 수련종목에서 제외시키는 결과를 초래했다는 점이다.

대테러 606부대 제1대 김택수 부대장의 증언: "...급부터 시작해서 유단자까지 되는 과정을 소위 체계화해가지고 만들어가지고 책자로 발간하기 위해서 앨범을 다섯 권(분량)을 사진 찍고.... 그러니까 박대통령 시해당할 그 당시에는 앨범이 다 만들어졌다니까, ... 전두환 대통령 때 장세동씨한테 내가 줬다고, 이거(앨범)를... 내가 보고하니까 장세동씨가 가지고 있다가... 경호실용으로 발간하겠다고 하던 차에 안 되었고, 안 된걸 (앨범)자료를 가지고 장수옥이가 내꺼다 한 거야"

부대원의 증언: "1979년 6월 고 박정희 대통령 시범을 마치고 그러니까 8, 9월 정도이였다고, 날씨가 무척 무더웠다고, 당시에 요원들중 교본발간은 한경희, 김만규, 조영식 등의 선배기수들이 주체적으로 주관하여 조별로 술기 담당자 등을 지정하고 교본 촬영시 각자의 맡은 임무와 역할 등을 분배하였으며, 교본 작업은 오주영, 이천석, 윤순석, 최을

방호(防護) 할 수 있는 보다 향상된 무술기법의 개발보급 및 건전한 국민 무도정신함양에 그 목적을 둔다.

제 2조 (명칭) 본 법인은 사단법인 대한특공무술협회(특무도)라 칭한다.

제 3조 (주소) 본 법인의 주소는 서울특별시에 두고 이사회의 결의를 거쳐 각. 시도 및 해외에 지부를 둘 수 있다.

제 4조 (사업)

1. 본 법인은 제1조의 목적을 달성하기 위하여 다음과 같은 사업을 행한다.
   1) 각 기관과 단체에 특무도 보급
   2) 국내외 특무도 지도요원의 양성 및 자격심사와 부여
   3) 특무도의 국제교류
   4) 전국 특무도 기관의 통괄조직 지도
   5) 기타 목적사업에 관한 사항
2. 본 법인에서 제공하는 이익은 무상으로 함을 원칙으로 하되 수혜자에게 실비를 부담시킬 경우에는 감독청의 승인을 얻어 시행한다.
3. 본 법인의 공익사업으로 제공하는 이익은 특히 그 목적을 한정한 경우를 제외하고는 수혜자의 출생지, 출신학교, 직업 기타 사회적 신분에 의하여 차별하지 아니한다.

   이와 같은 내용으로 회원의 자격, 임원의 자격, 총칙, 이사회, 자산 및 회계, 법인의 해산에 관한 내용까지 세밀하고 자세하게 수록되어있다(1979년 9월 606부대 특공무술교본 미발행 복사본).

수, 안성환, 허영길, 신세균, 서유찬, 김택용, 조병훈, 손용덕, 박승암, 이광선, 김희용, 황한종 등이 참여했으며, 자율적으로 진행되었다.

또 다른 창시자를 주장하는 박노원(국술원 합기도 사범/ 1956년생으로 1978년 당시 만21세, 1980년 당시 만23세)은 장수옥 총관장의 제자 사범으로, 합기도 장수옥 총관장의 소개로 당시 특공무술 시범 준비 중이던 특수전사령부 제5공수여단 시범준비 기간인 1980년 7월 초부터 9월 중순까지 제5공수 25특전대대 15지역대 60명과 함께 특공무술 개발을 했다고 했다(무예신문, 조준우기자, 2019. 03. 03)고 증언하면서 신문 기사화했으나, 잠시 약 2개월 동안 외부 합기도 사범으로 조언을 했는데 이러한 이유로 박노원사범(국술원 합기도 사범/ 1956년생으로 1978년 당시 만21세, 1980년 당시 만23세) 당시 합기도사범으로 나이 만23세이었던 본인이 창시자라고 주장하고 있다.

특수전사령부 제5공수여단 시범준비 기간은 1980년 9월 2일부터 11월 20일까지 약 2개월 동안 특공무술 집체교육을 통하여(특수전 사령부. 1980:162) 특전사령관, 각 여단장, 대대장, 작전참모 등이 배석한 가운데 "1980년 11월 21일, 사령관 및 육본 참모부장, 각 여단장을 모신 가운데 시범을 실시하여 전시 공격형 군대무술로 인정받았으며, 특전사 이하 여단 교관 요원에 대한 집체교육을 2차례에 걸쳐 실시하여 이를 보급하였다"(특수전 사령부 부대사 1980).

그러나 박노원사범이 주장하는 기간의 차이가 있다.

그리고 민간인 박노원사범은 합기도 장수옥 총관장의 소개로 당시 특공무술 시범 준비 중이던 특수전사령부 제5공수여단 시범준비 기간인 1980년 7월 초부터 9월 중순까지가 아닌 시범준비 기간은 1980년 9월 2일부터 11월 20일까지 약 2개월 동안으로 제5공수 25특전대대 15지역대 60명(무예신문, 조준우기자, 2019. 03. 03)중 일부 교관단과 잠시 약 2개월 동안 외부 합기도 사범으로 몇 차례 조언을 했던 것으로 사실상 외부 조언자의 입장이었다.

또한 제5공수여단 25특전대대 15지역대 지역대장 황인기대위(3사 7기)의 구술증언:

"...특전사령관 시범준비기간 동안 내가 지역대장으로 내가 직접 앞에 나서서 진두지휘했는데...창시자? 누가? 박노원이? 무슨 그런 말을 하고 다녀?....... 그때 박노원은 장수옥씨가 사범이라고 데리고 와서 소개해줬지. 그리고 시범준비 기간 동안 몇 번 조언해 주는 정도였지.... 그리고 내가 장수옥씨하고도 몇 번 전화통화로 자문을 구하기도 했었고.... 그 당시 박노원이는 존재감이 없었어.... 자네들도 알고 있듯이 그때나 지금이나 부대원들이 그때 다했던 거야..."라고 증언하였다.

또한 민간인 박노원(무예신문, 조준우기자, 2019. 03. 03)은 특공무술은 창시자 문제로 복잡하다. 어떤 이유인가.라는 질문에 2000년도에 특공무술 술기를 중심으로 비디오테이프 1, 2편을 만들었다. 이 비디오를 보고 장수옥 총재는 특공무술을 자신이 창시한 것이라며, 1992년 자신이 만들었다는 특공무술 교본자료를 가지고 2003년도에 동부지청에 저작권법 위반으로 나(박노원)를 형사고소하고 민사손해배상청구까지 했다. 1980년 당시 5공수에서 개발한 140페이지 분량의 특공무술 교범을 제출하자 장수옥 총재가 소를 취하하면서 특공무술의 창시자 문제는 정리되었다.라고 말하고 있다.

그러나 앞에 장수옥(1992년 교본)과 박노원(2000년도 교본)의 소송의 건은 두 사람간의 저작권관련 소송일 뿐 특공무술 최초 교본에 관한 내용은 아니라는 점이다.

그리고 1979년 9월에서 10월에 걸쳐 교본작업을 진행하여, 이미 특공무술 교본은 편찬 직전까지 진행되었음을 알 수 있으며, 대통령경호실 606 & 27 특공부대에서는 협회회칙까지도 교본에서 규정하고 있었으며, 교본을 살펴보면 당시 특공무술의 협회 이름을 대한특공무술협회 약칭 "특무도"라고 정했으며, 협회 결성까지 진행되었음을 알 수 있다.

특공무술의 미발간 최초 교본의 목차는 유급과정에서 유단과정까지 체계화를 통하여 앨범과 교본제작 직전에 있었음을 말해주고 있다.

대통령경호실 606 & 27 특공무술교본. 1979. 편찬을 못하였으나, 300여 페이지 분량으로 기본 제작본이 만들어져 있었다. 현재 전직 대통령 경호실 27특공부대 요원들에 의해 특공무술 교본은 보존·관리되고 있다.

또한 당시 606부대 제1대 부대장인 김택수부대장의 구술증언: "…급부터 시작해서 유단자까지 되는 과정을 소위 체계화해가지고 만들어가지고 책자로 발간하기 위해서 앨범을 다섯 권 (분량)을 사진 찍고…그러니까 박대통령 시해당할 그 당시에는 앨범이 다 만들어 졌다니까.…전(두환) 대통령 때 장세동씨한테 내가 줬다고, 이거(앨범) 를. 내가 보고하니까 장세동씨가 가지고 있다가…경호실용으로 발간하겠다고 하던 차에 안 되었고, 안 된걸(앨범)자료를 가지고 장수옥이가 내꺼다, 한 거야"라고 증언하였다.(출처: 김은정. 2008)

그리고 민간인 박노원은 특공무술이라는 명칭은 누가 만들었나? 라는 질문에서 특공무술 명칭을 두 가지 견해로 말하면서 첫째, 606부대는 특공부대이기 때문에 김택수 부대장이 특공무술이라 명명했고, 둘째, 5공수여단의 장기오 장군은 특전사에서 개발했지만 특전무술보다는 전군이 사용한다는 의미에서 특공무술로 명명했다. 고 했다.

그러나 이렇게 민간인 박노원 본인도 5공수여단의 장기오 장군은 특전사에서 개발했다고 하면서 명칭은 장기오 장군이 특전무술보다는 전군이 사용한다는 의미에서 특공무술로 명명했다. 고 했으나 이 또한 잘못 알고 있는 것이다.

그러면서 더 이상한 점은 특공무술 명칭과 개발을 첫째, 대테러 606부대와 둘째, 제5공수여단에서 명칭을 정하고 개발했다고 주장하면서 본인이 창시자라고 주장하고 있는 것이다.

특공무술은 대테러 606부대에서 이미 무명과 개발 및 무술체계를 정립하여 1978년 11월 16일 최초 특공무술시범을 실시했으며, 약 2년후인 1980년 11월 22일 약 2개월간의 시범준비를 통하여 제5공수여단은 전장에서 활용가능한 일부 내용의 추가와 개선내용을 담아 시범을 실시했던 것이다.

또한 대테러 606부대는 특공무술을 비롯하여 대테러작전 훈련과목을 당시 제4대 사령관 중장 정호영 장군(육사 11기, 1979년 12월 13일~1981년 3월 4일)의 특수전 사령부는 대테러 606부대로부터 대테러작전훈련과목중 헬기레펠, 건물레펠, 특공무술 교육을 특수전 사령부 소속 각 여단에 보급하여 훈련하도록 하였다.

그런데 민간인 박노원(국술원 합기도 사범/ 1956년생으로 1978년 당시 만21세, 1980년 당시 만23세)은 당시 합기도사범으로 만23세의 나이에 합기도 사범으로 있으면서 5공수여단을 2개월간 오가면서 특공무술을 창시하여 특전요원들에게 교육하고 교본작업까지 진행했다고 당시 합기도장 사범이었던 본인이 주장하고 있으며, 또한, 당시 합기도 관장인 장수옥은 합기도를 했을 뿐이다. 라고 주장하고 있는 상황인 것이다.

그러나 대테러 606부대는 이미 특공무술이라는 무명을 정하고, 수차례 외부시범을 실시하였으며, 특공무술 교본까지 제작한 상황이었다.

그리고 특공무술 교본과 관련하여 1979년 9월에 시작된 대테러 606부대 특공무술교본 부록에는 사단법인 대한특공무술협회 약칭 특무도라고 정했으며, 협회 정관 및 규약까지 규정하고 있었다. 또한 요원들이 이미 앨범자료와 함께 교본작업을 진행하여 제본단계까지 완성하여 인쇄와 발행 단계에서 자료를 넘겨주었던 것이다.

또한 당시 606부대 제1대 부대장인 김택수부대장의 구술증언: "…급부터 시작해서 유단자까지 되는 과정을 소위 제계화해가지고 만들어가지고 책자로 발간하기 위해서 앨범을 다섯 권 (분량)을 사진 찍고…그러니까 박대통령 시해당할 그 당시에는 앨범이 다 만들어졌다니까.…전(두환) 대통령 때 장세동씨한테 내가 줬다고, 이거(앨범) 를. 내가 보고하니까 장세동씨가 가지고 있다가…경호실용으로 발간하겠다고 하던 차에 안 되었고, 안 된걸 (앨범)자료를 가지고 장수옥이가 내꺼다, 한 거야"라고 증언하였다.

마지막으로 민간인 박노원(무예신문, 조준우기자, 2019. 03. 03)은 특공무술에서 특공무예로 명칭을 바꾸게 된 동기는? 특공무술은 살상술기다. 일반인과 어린 청소년들에게 지도하기에는 교육적으로, 인성적으로 위험하다고 생각했다. 또 무술, 무예, 무도의 명칭 사용에 있어 중국은 무술, 한국은 무예, 일본은 무도라고 표현하는 점을 고려해 특공무예로 새롭게 출발하려고 결심했다. 특공무술은 군 특수임무에 사용하고, 일반인에게는 인성교육을 바로 세우는 특공무예가 적합하다고 생각한다. 라고 인터뷰를 마무리했다.

민간인 박노원은 1996년 8월에 국제특공무술연합회라는 법인설립허가를 받아 현재 2019년까지 약 25년간 국제특공무술연합회 회장으로 활동하고 있었다.

그렇다면 박노원 회장은 왜? 25년간 살상술기라고 하는 특공무술을 전파하고 지도해오다가 갑자기 특공무예로 무명을 변경하면서 교육과 인성 그리고 명칭사용에 있어 나라마다 다르게 사용한다는 점을 고려했다고 했을까?

과거에서부터 현재까지 무술, 무예, 무도 용어해설과 내용에 있어 이미 많은 부분 학문적 연구가 진행되어왔고 진행되고 있다.

〈표 11〉 무술, 무예, 무도 용어해설과 내용

구분	용어해설		내 용
무술(武術)	武	군사기법(military tecnic) 군사기술(military art) 군사체계(military method)	기술의 측면에서 싸움기법이 목적이 된다 기술적인 성질 (technical nature) 전략적인 작용(statigic functionality) 수단적인 방법(how)
	術	기법(technic) 기술(art)	
무예(武藝)	武	군대(military) 전쟁(martial)	일반적으로 범위가 넓은 용어로 보이며 개별무술종목(subspecialzation)을 포괄적으로 암시하고 있다
	藝	예(methoda·ccomplishment)	
무도(武道)	武	martial	무술로부터 유래된 체계적인 교육방법을 가지고 있음 목적달성을 위한 교육적인 방법(education way of achieve purpose)이라는 의미가 강하다
	道	way·road·ethics	

출처: Oscar Ratti & Adele Westbrook, 1973

그것은 다름 아닌 기존 특공무술에 대한 기득권을 놓치고 싶지 않기 때문일 것으로 생각해본다.

대한민국 특전사는 1948년 8240부대는 일명 켈로 부대로 미군에 의해 우리나라에서 최초로 조직된 게릴라 부대이자 특수부대였으며, 6.25전쟁 당시 미국 극동군 특수전 사령부가 한반도 전역에서 운영했던 부대이다. 그리고 미 극동군 특수전 사령부가 적의 후방에 조직한 게릴라 부대이자 북한 지역 출신자 위주로 한국에서 최초로 만든 특수부대가 바로 8240부대이다. 1958년 4월 1일 제1전투단(최초의 공수부대)이 창설되면서 공수기본교육 및 특수전 훈련 체계와 관련 제도 정비하는데 크게 기여했다. 그리고 1959년 10월 검은베레 제1공수특전단으로 개편되었고, 1969년 8월 18일 특수전사령부 신설되면서 특전사 특전요원들이 하는 무술이라 하여 특전무술이라 불리고 있었다.

특공무술은 대테러 606부대에서 이미 무명과 개발 및 무술체계를 정립하여 1978년 11월 16일 최초 특공무술시범을 실시했으며, 약 2년후인 1980년 11월 22일 약 2개월간의 시범준비를 통하여 제5공수여단에서 전장에서 활용가능한 일부 내용의 추가와 개선내용을 담아 시범을 실시했던 것이다.

1978년 대한민국 최초의 대테러 606부대가 창설되면서 대테러 특공요원들이 대테러 임무수행시 대테러상황에 맞는 무술을 개발하여 특공무술이라 무명을 정하여 특공요원들이 훈련하는 무술이라 하여 특공무술로 불리기 시작했다.

대테러 606부대와 대통령경호실 27특공부대의 특공무술 명칭 사용과 군과 경찰, 경호계통의 작전부대에 특공무술을 보급하기 시작한 이후 특전사에서는 대테러606부대로부터 보급받은 특공무술을 대테러상황이 아닌 전장상황에 맞춰 개선하는 과정을 거쳐 초기에는 특공무술과 특전무술 무명을 혼합하여 사용하다가 제18대 특전사령관 대장 백군기(육사29기, 2004년 5월 29일~2005년 11월 3일)는 2005년 1월 15일 사령관 및 처장급이 배석하여 사열을 통하여 전 여단에 보급할 것과 기존에 사용하던 특전무술 용어와 특공무술용어의 혼합 사용을 "특공무술"로 통일하여 사용할 것을 지시하면서부터 통합 사용되었다.

그렇다면 대테러 606부대는 특공무술을 어떻게 진행했을까?

대테러 606부대는 특공무술을 개발하고 명칭을 정한 이후부터 대통령경호실 27특공부대 부대명이 변경된 후에도 자체적으로 훈련하고 있었다.

그리고 1993년 3월 14일 부대해체 당시까지 특공무술을 자체 교관단을 통하여 요원들은 특공무술을 훈련하고 있었으며, 청와대 주변 군과 경찰 작전부대에 특공무술을 보급하고 있었다.

그리고 청와대 대통령경호실 교육부서 일부 관련인원의 실수로 1993년 3월 14일 대통령 경호실 27특공부대 해체이후 경호요원들이 수련해야 하는 여러 무도중 특공무술을 수련종목에서 제외시키는 결과를 초래했다.

결론적으로 민간인 박노원은 사)대한민국 606 & 27 전우회와 사)대한민국 특공무술협회의 활동을 보고 2019년부터는 특공무술 창시자에서 이제는 특공무예 창시자라고 하고 있는 것이다.

이와 관련, 5공수여단에서 특공무술 집체교육을 통하여 민간인 본인이 특공무술을 창시했다는 주장을 하고 있는 또 다른 민간인 박노원이라는 사람이 있다는 말에 대통령경호실 606&27 전우회 회원들은 이 또한 어불성설[23](語不成說)이라고 말하고 있다.

당시 합기도장 박노원 사범(국술원 합기도 사범/ 1956년생으로 1978년 당시 만21세, 1980년 당시 만23세)은 사실상 외부 조언자의 입장이었다.

그리고 창시자를 주장하는 박노원 사범은 장수옥 총관장의 제자 사범으로, 합기도 장수옥 총관장의 소개로 당시 특공무술 시범 준비 중이던 특수전사령부 제5공수여단 시범준비 기간인 1980년 7월 초부터 9월 중순까지 제5공수 25특전대대 15지역대 60명과 함께 특공무술 개발을 했다고 했다(무예신문, 조준우기자, 2019. 03. 03). 잠시 약 2개월 동안 외부 합기도 사범으로 조언을 했는데 이러한 이유로 박노원은 1980년 당시 만 23세때 본인이 창시한 것이라고 주장하고 있다.

그러나 당시 제5공수여단 25특전대대 15지역대 지역대장 황인기대위의 구술 증언에 따르면 당시 박노원은 어리기도 했고 역할이 극히 미약하였으며, 오히려 장수옥씨하고 몇 번 전화통화로 자문을 구하기도 했다고 하였으며, 지금도 그렇듯 특전요원들이 다했던 것이지 그런 말을 믿는 사람들은 군 체계를 모르는 사람들의 이야기이지 라고 이야기하며, 그것도 극히 일부분 자문을 구하는 정도지 민

23) 어불성설(語不成說): 말이 말로 이루어지지 않는다는 뜻으로 말이 안 된다는 것이다. 사리(事理)에 맞지 않아서 말 같지 않은 이야기라는 뜻의 만불성설(萬不成說)과 말이 도무지 이치에 맞지 않는다는 뜻의 어불근리(語不近理)와 같은 말로 줄여서 불성설(不成說)이라고도 한다. 말이 하나의 일관된 논의로 되지 못하여 이치에 맞지 않아 말이 안 되는 것을 가리킨다. 하는 말이 조금도 사리에 맞지 않아서 말이 되지 않을 경우에 쓰이는 성어(成語)로 말이 사리와 이치에 전혀 맞지 않는다는 뜻이다(출처 : 두산백과).

간인들의 역할은 극히 미약했다고 강한 어조로 주장하면서 증언하였다.

제5공수여단 25특전대대 15지역대 지역대장 황인기대위(3사 7기)의 구술증언(2020. 04. 03)에 따르면 "...특전사령관 시범준비기간 동안 내가 지역대장으로 내가 직접 앞에 나서서 진두지휘했는데...창시자? 누가? 박노원이? 무슨 그런 말을 하고 다녀....... 그때 박노원은 장수옥씨가 사범이라고 데리고 와서 소개해줬지 그리고 시범준비 기간 동안 몇 번 조언해 주는 정도였지.... 그리고 내가 장수옥씨하고도 몇 번 전화통화로 자문을 구하기도 했었고.... 그 당시 박노원이는 존재감이 없었어.... 자네들도 알고 있듯이 그때나 지금이나 부대원들이 그때 다했던 거야..."라고 증언하였다.

그리고 민간인 박노원사범은 약 2개월간의 제5공수여단과의 인연을 마무리하고 추후에 해외무도 교관으로 파견되었다가 1996년 6월에 박노원 사범은 해외무도 교관생활 10여년을 정리하고 귀국한다. 그리고는 신문 등에서 체육관을 운영하던 박노원 사범 제자와 서승재 제자인 김창선, 이원배 등이 이제 특공무술을 떠나 합기도로 가겠다고 하였다. 그 이유와 대안으로는 10여년 동안 하나도 고쳐진바 없고 희망도 없어서 떠난다는 내용이었다. 이때 박노원(2011. 무예신문)은 대한특공무술협회의 설립 전까지 1988년 7월 이전까지 당시 사단법인 대한기도회 전북본관 소속으로 있다가 차후에 사단법인 대한기도회 소속으로 활동해왔다. 서로의 대립을 피하기 위하여 국제특공무술연합회라 명칭을 정하고 1996년 8월에 법인설립허가를 받아 국제특공무술연합회 회장으로 특공무술분야에서 활동하기 시작했다.

이때부터 특공무술은 분파되기 시작하여 2019년 현재 총 15개의 민간협회로 나뉘게 되었다. 그러나 다행히도 대통령경호실 606&27전우회와 특전사출신들로 이뤄진 사)대한민국 특공무술협회의 노력으로 그동안 특공무술 창시자에 대한 논란의 종지부를 마무리하게 되었다.

이와 같은 일부 민간인이 특공무술의 창시자라는 주장에 대하여 대한민국 특공무술은 1948년 특수전사령부의 뿌리인 8240부대(일명 켈로부대)부터 1969년 8

월 18일 특수전사령부 신설 이후부터 특전사 특전요원들이 하는 무술이라 하여 특전무술이라 불리고 있었으며, 1978년 대한민국 최초의 대테러 606부대가 창설되면서 대테러 특공요원들이 하는 무술이라 하여 특공무술로 불리기 시작했다고 할 수 있다.

당시 606부대와 27부대요원들이 무명을 정하여 프로그램을 완성하여 시범을 실시한 후 보급하였다. 그리고 5공수여단 특전요원들은 기존의 특전무술과 특공무술을 전장상황에 적용하여 개선한 후 시범을 실시하였으며, 이후 특전사를 포함하여 전 군에 보급하였다. 이와 중에 606부대 외부조언자 민간인 장수옥(국술원 합기도 관장/ 1947년생으로 1978년 당시 만30세)과 제5공수여단 외부조언자 박노원(국술원 합기도 사범/ 1956년생으로 1978년 당시 만21세, 1980년 당시 만23세)은 특공무술시범 준비기간중에 시범에 필요한 일부 합기도 술기에 대한 조언자였을 뿐, 그 이상은 아니었다고 한다. 그리고 당시 장수옥 관장과 박노원 사범은 개인 체육관을 운영하면서 동시에 합기도 관련 사범 역할로서 조언을 해준 정도이기에 기여한 정도가 크다고 말하기는 힘들 것이다.

또한 그동안 정부관계기관과 특수한 신분에 있던 대테러 606부대와 대통령경호실 27특공부대 그리고 특수전사령부 5공수여단을 비롯하여 관계자들은 그들의 신분과 보안 등의 관련 내용으로 그동안 그들은 함구하고 있던 사이에 민간이 장수옥과 박노원은 마치 각자 그들이 특공무술을 창시하여 교본을 만들고 특수직종에 있던 그들을 처음부터 지도한 것처럼 행세하고 있었던 것이다. 그러나 그들은 특공무술이 개발되고 시범준비 중이던 부대의 특공무술시범에 필요한 합기도 술기를 일부 조언한 후 그들(대테러 606부대와 제5공수여단)의 인맥과 추천으로 취직할 수 있었으며, 합기도 무도종목에서 활동하다가 10여년이 흐른뒤 부터 민간사회에 특공무술을 보급하면서 창시자가 아닌 공로자인 것은 분명하다.

그리고 특공무술은 당시 박정희대통령과 전두환대통령의 막강한 권력의 최측근에 있던 대테러 606부대와 대통령경호실 27특공부대와의 인연은 이 두사람의 신분 상승과 운명을 바꿔놓은 중요한 사건이라고 할 수 있다.

또한 대테러 606부대가 특공무술 개발이후 10여년이 지난 후 1988년 7월과

1996년 8월부터 사단법인 특공무술단체를 결성하여 민간사회에 특공무술을 전파하였기에 대한민국 특공무술 발전에 민간부분에 공로가 있는 것은 분명하다.

그러기에 대테러 606부대와 대통령경호실 27부대요원들은 이들 또한 공로자이자 전수자라고 말하고 있다. 그러나 결코 창시자는 아니라고 관련 자료와 함께 강조하며 강하게 주장하고 있다.

결론적으로 당시 합기도 관장이던 장수옥은 김택수부대장의 친구 김복근의 소개로 대테러 606부대의 차지철 경호실장에 대한 시범을 준비하는 과정에서 합기도 관장으로 있으면서 시간제로 들랑날랑 하면서 조언자의 입장이었으며, 이러한 인연으로 청와대 합기도 사범으로 오형근부대장이 청와대사범으로 집어넣어 주었고, 당시 장수옥의 나이는 만30세로 1980년 11월 1일부터 1988년 9월 1일까지 청와대 합기도 사범으로 재직하였으며, 이후 1988년 9월 2일부터 2002년 3월 31일 퇴직 당시까지 특공무술 사범으로 근무했다. 그리고 퇴직후 사)대한특공무술협회 활동을 통하여 특공무술창시자라고 알리고 있는 것이다.

그리고 당시 합기도 사범이던 박노원은 장수옥관장의 소개로 제5공수여단에서 특전사령관 및 참모들에게 보이기 위한 특공무술 시범준비 기간인 1980년 9월 2일부터 11월 20일까지 약 2개월 동안 장수옥관장의 소개로 합기도체육관 사범이었던 박노원(국술원 합기도 사범/ 1956년생으로 1980년 당시 만23세)은 조언자의 입장이었으며, 이러한 인연으로 시범이후 당시 박노원의 나이는 만23세로 경찰대학 상무학과 무도교관과 해외무도 교관으로 활동할 수 있었다.

이후 1996년 8월 국제특공무술연합회를 설립하여 이때부터 본인이 특공무술 창시자라고 하였던 것이며, 2019년부터는 “특공무술” 창시자에서 “특공무예” 창시자로 알리고 있다.

종합해보면 대한민국 특공무술은 1948년 특수전사령부의 뿌리인 8240부대(일명 켈로부대부터 1969년 8월 18일 특수전사령부 신설 이후부터 특전사 특전요원들이 하는 무술이라 하여 특전무술이라 불리고 있었으며, 1977년 대한민국 최초 대테러 606부대의 대테러 임무수령 및 선발과 훈련 그리고 1978년 대한민국 최초의 대테러 606부대가 창설되면서 대테러 특공요원들이 하는 무술이라 하여 특공무술로 불리기 시작했다.

특공무술은 박정희 대통령의 지시로 창설된 대한민국 최초의 대테러부대인 606부대와 전두환 대통령에 의해서 재탄생된 대통령 경호실 27특공부대가 없었다면 특공무술은 탄생하지 못했을 것이며, 그리고 특수전사령부 특전요원들이 없었다면 현존하는 특공무술은 없었을 것이다.

현재 대한민국 606부대 & 27부대 전우회 전직 요원들은 이런 민간인의 근거 없는 주장으로 인해 특공무술의 역사가 잘못 알려지고 있는 현실이 우습다고 말하고 있으며, 이제는 특공무술의 역사를 바로잡기 위해서 최선의 노력을 다하겠다는 입장을 표명하고 있다.

특히, 사단법인 대한민국 특공무술협회는 2018년과 2019년 2년여에 걸쳐 문화체육관광부 전국특공무술협의회 소속 특공무술 15개 단체장들(대다수의 장수옥의 제자들도 이뤄진 민간인 단체장들)과 임원들이 특공무술의 창시자를 민간인 장수옥으로 세우려하자 대한민국 특전사 출신으로 구성된 사)대한민국 특공무술협회에서 강력하게 항의하였으며, 협회는 특수전사령부와 관련부처에 공문서를 관련 자료와 함께 발송 및 민원을 제기하면서 특공무술은 대한민국 군에서 창시했다는 것을 명백히 밝히라고 강력하게 요구했다.

또한 특수전사령부와 군 관계기관과 문화체육관광부와 국민체육진흥공단을 비롯하여 체육계와 학계 및 관련법을 모아 관련 부처 및 부서에 관련 자료와 함께 발송 및 민원을 강력하게 제기하고 기존의 잘못된 특공무술 역사를 정정하도록 요구했다.

그 결과 2019년 제29대 특수전사령부 김정수사령관(육사43기)은 관련 부서에 명령을 하달하여 문화체육관광부와 국민체육진흥공단 그리고 경찰청 및 관련 부처에 공문을 보내면서 특공무술의 창시 연혁을 최초로 공개했다.

그리고 문화체육관광부 전통무예백서에 특공무술 창시는 대한민국 군이라며 처음으로 군의 입장을 밝혔다.

또한, 2020년 경찰청과의 업무협약을 통한 특수전 사령부 사령관 명의 단증을 경찰청에서 인정하기로 협약하였다.

대한민국 606 & 27 전우회는 사) 대한민국 특공무술협회와 그동안 민간인을 통하여 특공무술 창시관련 잘못된 역사를 바로세우기 시작하면서 기존의 잘못된 역사를 바로 잡아가고 있다.

특히, 특공인들이 기억해야 할 중요한 점은 그동안 특공무술 명칭을 정하고, 특공무술의 시초가 되었으며, 초석을 다진 대한민국 최초의 대테러 606부대와 대통령경호실 27특공부대원들과 당시 5공수연단 특전요원들 그리고 대한민국 군 특공무술 심사관단과 교관단 100여명은 그 누구도 자신들이 특공무술을 창시했다거나 개발했다고 말하지 않았으며, 논하지 않았다.는 점이다.

그 이유는 특공무술은 당연히 대한민국 육군 특수전사령부 소속의 검은베레 요원들의 피와 땀과 눈물의 결과물이기 때문이었다. 현재 이 시각에도 대한민국 육군 특수전사령부 특전요원들은 특공무술을 각종 임무수행에서 사용할 수 있게끔 항상 수정, 보완 및 개선하는 등 부단히 노력하고 있다. 다만 대한민국 육군 특수전사령부를 비롯하여 대한민국 군에서의 특공무술 역사에 대한 정확한 역사교육이 필요하다고 생각한다.

대한민국 특공무술인들은 먼 미래를 보며 사상누각(沙上樓閣)과 같은 잘못을 범하지 말아야 한다. 역사를 잊은 민족에게 미래는 없다는 말이 있다. 그만큼 역사를 제대로 아는 것이 중요하다는 것이다.

지금까지 기존의 기득권세력인 일부 민간인들의 잘못된 주장으로 인해 잘못된 역사가 전파된 만큼 이제라도 특공무술의 역사를 바로잡고 특공무술인들이 제대로 된 특공무술의 역사를 배우고 전파하는 노력이 필요할 것이다. 사람은 자고로 명분을 위해 싸우고 명예를 소중히 하며 진정한 나를 찾아야 한다고 말하고 싶다.

9. 맺음말

현재 대한민국 최초의 대테러부대인 606부대와 27특공부대는 역사속으로 사라졌으나, 요원들이 만들어내고 훈련하여 체계를 갖추고 전파하여 현재에 이어지고 있는 대테러작전 기법과 경호작전 기법은 당시 요원들의 훈련 결과물로 기초석을 다졌으며, 그 기초석은 대한민국 국민을 보호하고 국가를 위한 충정의 결과물이 되었다.

대한민국 최초의 대테러부대의 탄생배경과 활동 그리고 대통령 경호부대의 탄생배경과 활동이 현대에 미친 많은 영향들은 당시의 요원들의 피와 땀 그리고 죽음으로 이뤄낸 소중한 우리의 국가재산이 되었다는 것을 정확히 알고 미래를 위한 부단한 노력과 꾸준한 훈련이 필요할 것이다.

결론적으로 특공무술 뿌리는 대한민국 특전사다.

또한 특전사가 창시부대이며, 특전요원들이 창시자이다.

"일격필살(一擊必殺)의 특공무술은 대한민국 특수전 사령부 특전용사의 피와 땀의 결실이 만들어낸 세계최고 최강의 전장무술이다!"

특공무술은 대한민국 특수전 사령부 소속 대한민국 최초의 대테러부대인 606부대요원들의 의견수렴과 협의에 의해 부대장이 결정하였다. 특공무술은 임무수행에 필요하여 개발되었으며, 청와대 연무관에서 차지철 경호실장 주관 최초 특공무술 시범을 실시할 당시 대테러 606부대장인 고(故) 김택수 부대장이 차지철 경호실장에게 특공무술 무명(武名)을 보고하였다. 그리고 시범 이후 당시 차지철 경호실장이 대통령에게 보고하였으며 이를 박정희 대통령이 승인하여 606부대요원들이 만든 무술의 이름이 특공무술로 확정된 것이다.

대테러 606부대는 1979년 6월 12일 청와대 연무관 시범에서 박정희 대통령은 차지철경호실장을 통하여 특전사에 특공무술을 전파하라는 지시에 의하여 특전사령관은 대테러606부대를 통하여 제5공수여단에 특공무술을 전파하도록 하였으며, 제5공수여단은 특전사 전 여단에서 교관단을 선발하고 편성하여 특공무술 훈련을 실시하였으며, 특전사에 보급하였고 이는 특공무술 전파에 초석이 되었다.

그리고 대테러 606부대는 1980년 10월 청와대 연무관 시범에서 전두환 대통령으로부터 특공무술을 전 군에 전파하라는 지시에 의하여 지휘체계를 통하여 특수전사령부 제5공수여단과 특전사 교관단의 노력으로 전 군에 특공무술은 급속도로 전파되었으며, 이후 특수전사령부내 특공무술 심사관 및 전 군의 특공무술 교관단에 의해서 더욱 발전하게 되었다.

또한, 후에 대통령 경호실 27특공부대 요원들에 의해서 청와대 관련 군과 경찰 등 경호작전부대에 전파하였다. 특공무술은 현재까지 대한민국 군 특수전 사령부 소속의 특전요원들의 끊임없는 훈련과 노력으로 유지되고 있다.

민간사회에서는 1988년 7월 사)대한특공무술협회 설립과 청와대 특공무술종목 지정 등으로 일반인들에게 특공무술이 알려지기 시작하였다. 그리고 민간협회의 분파는 1996년 8월 사)국제특공무술연합회 설립 이후부터 그들의 인과관계인 스승과 제자들간의 불협화음으로 급격히 분파되기 시작하여 현재 특공무술 단체는 15개가 되었으나, 무분별한 단체 설립에 따른 관리 부족과 협회설립대표자들의 죽음으로 유명무실한 단체가 늘어나고 있는 것이 현실이다.

또한, 군에서 특공무술 창시와 보급 그리고 개선과정을 통하여 전 군에서 훈련하고 있던 특공무술을 10여년이 지난 후 민간사회에서 먼저 특공무술 보급사업을 시작한 기존의 기득권세력과 그들을 따르는 스승과 제자들의 날조된 특공무술 역사기록과 그 속에서 분파된 이를 따르는 또 다른 기득권세력들을 통하여 날조된 특공무술 역사기록은 지금 이 시간에도 무도인으로서 명예와 자부심 보다는 언론매체를 상업적으로 이용하며 경제논리에 따라 그들을 무조건 따르는 사람들로 인하여 대한민국의 특공무술역사는 더욱 혼탁해지고 있다.

그러나 다행히도 2018년 문화체육관광부 스포츠산업과 전통무예단체 특공무술 협의체 구성에 관한 내용을 문화체육관광부 장관 앞으로 특공무술 각 단체장들은 확인서(합의서)제출하였으며, 특공무술 각 단체장들은 하나의 전통무예특공무술협의회를 구성하여 노력하고 있으나, 여전히 많은 현안 문제점들로 인하여 많은 시간과 노력이 필요한 상황이다.

그럼에도 사) 대통령경호실 606&27 전우회 회원들과 사) 대한민국 특공무술협회 관계자들은 특공무술 역사 찾기를 통하여 점진적으로 특공무술인들의 특공무술 역사에 대한 인식변화와 특공무술 발전 가능성에 기대하고 있다며 말하고 있다.

앞으로 민간사회에서의 특공무술은 각 협회 관계자들과 지도자들 그리고 수련하고 있는 수련생들의 정확한 역사인식 변화와 프로그램 개발을 통한 시대에 맞는 특공무술로의 발전을 추구하면서 특공무술이라는 하나의 단어로 통합되어 더욱더 발전하는 계기를 마련하지 않으면 현재와 같이 빠르게 발전하는 세계화시대에 적응하지 못하고 결국 도태되게 될 것이다.

청와대에서 대통령경호실 27특공부대 해체이후 청와대에서 특공무술이 도태되었던 것처럼 말이다. 절대 잊지 말고 기억하여 다시는 도태되는 일이 발생하지 않도록 하여야 할 것이다.

지금까지 대한민국 특공무술의 탄생과 성장 그리고 발전과정 이것이 대한민국 특공무술의 역사이고, 뿌리이며, 현재이고 미래이다. 라는 결론을 내린다.

참 고 문 헌

1. 국내문헌

1) 단행본

강민완 · 전용태 · 김효준(2011). 경호보안관리론. 진영사.

권창기 · 강영숙(2012). 태러학. 진영사.

국기원(1995). 태권도교본. 오성출판사.

김두현(2001). 경호학개론. 백산출판사.

_____(2002). 경호학. 엑스퍼트.

김두현 · 최선태(2002). 안전관리론. 백산출판사.

김병찬(2011). 질적 연구에서의 자료수집.

김성수, 정일규(2000). 운동생리학.

김영구, 최덕묵(1999). 체육원리.

김영천(2013). 질적연구방법론 Ⅰ: Bricoleur, 2판, 아카데미프레스.

김　철(1997). 태권도의 구조적 탐구. 원광대학교 출판국.

김창룡(1996). 스포츠 철학, 대한미디어.

김창호(2006). 한국경호발달사. 백산출판사

김태환(2010). 재난관리론. 백산출판사

정형외과학회(1996). 정형외과학. 최신의학사

대통령경호실(1990). 대통령경호실 법령. 조직변천사.

__________(1993). 대통령경호30년사.

__________(1994). 경호원 교육용 교재.

__________(1998). 경호업무.

__________(1999). 법률 제6087호.

류재갑(1994). 현대 국제 사회와 테러리즘, 국제평화연구소.

박기철 · 정호태 · 박희성 · 염대관(2013). 주특기개론, 도서출판 진영사.

박노원(2008). 특공무술의 이론과 실기, 도서출판 백암.

박성희(2004). 질적 연구방법의 이해, 도서출판 원미사.

박연환 . 인체, ㈜한국헤르만헤세.

박준석(2004). 한국무예학통론, 백산출판사.

_____(2005). 뉴테러리즘, 백산출판사.

_____(2009). 대테러정책론, 백산출판사.

_____(2014). 국가안보 위기관리 · 대테러론, 백산출판사.

박춘자(1989). 현대합기도교본. 도서출판 진화당.

법제처(2001). 대통령경호실법, 대한민국 현행법령집 제2권.

성낙준(2001). 스포츠과학, 도서출판 와우.

서정무(1992). 경호학원론, 형설출판사.

서정민(2015). 이슬람은 그렇게 말하지 않았다, 시공출판사.

심상규(1998). 무인의 철학, 문예마당.

이상철(2008). 경호현장 운용론, 진영사.

육군특수전사령부(1999), 육군특수전발전사.

육군사관학교(1994). 무도교본, 형설출판사.

이성진(1998). 유도. 교학연구사.

이성찬(1995). 유도. 정민사.

이진수(1999), 일본무도연구. 교학연구사.

임동규(1991). 무예사연구, 학민사.

임번장(1983). 도덕성 함양을 위한 사회체육의 역할, 부산사회체육진흥회.

_____(1994). 스포츠사회학개론. 동화문화사.

임웅환(2004). 특공무술교본.

염장호(1995). 세계경호학개론. 오성출판사.

위준혁(1968). 경호이론과 실제. 청운사.

장수옥(2007). 특공무술 30년사 상지쓰리팩.

장수옥, 김두현(2005) 특공무술의 이해. 경호출판사 경호출판사.

장수옥(2002). 영원한 사부 서울 : 태일출판사.
장영수(2011). 교육행정연구법. 서울교육과학사.
정찬성(1996). 경호 · 경비학 총론. 오성출판사.
정태황(2001). 경호이론 및 실무. 글힘.
______(2004). 경호실무론, 백산출판사.
______(2004). 경호장비의 이해, 백산출판사.
제27특공부대(1982). 대테러 특공작전.
___________(1988). 부대사(Ⅰ).
제5특전여단(1980). 특전무술.
최진태(1997). 테러, 테러리스트 & 테러리즘, 대영문화사.
태권도교본 (2006). 국기원.
특전사령부(1980). 부대사.
특수전사령부 역사박물관.
김광석, 「용병술 연구」, 병학사, 1994.
김선한, 「작전명 트로이 목마」, 도서출판 세시,. 2001
「세계의 특수부대 비밀 전사들 상, 하」, 디지털에프 케이, 2000.
권태영외, 「21세기 군사혁신과 한국의 국방비전」, KIDA, 1998.
박휜재, 「특전부대 모병업무 발전방향」, 교육사, 2002.
월간 프래툰 편집부, 「세계의 특전부대 Ⅱ」, 멀티매니아 호비스트, 2002.
특전사, 「교육 훈련 지침」
특전교육단. 「교육계획」
이진호, 「특수부대의 모든 것」, 양서각, 2002.
박병환, 「세계 각국의 공수부대 및 교육체계와 적용방안 연구」, 교육사, 2000.
합 참, 「합동전장운영 개념」, 1997.
「아프칸 전쟁 종합분석」, 2002.
Mark Lloyd, “Special Forces”, 1995.

2) 교 범

합동참고교범 10-2「합동 · 연합작전 군사용어 사전」, 1998.

합동교범 3-5(초안)「합동특수작전」, 2002.

야전교범 8-20「특전여단」, 2001.

영국군 교범 번역「평화 지원 작전」, 국방부,

미 교범 JP, Doctrine for Joint Special Operation, 1998

3) 논문

강윤석(2010). 태권도와 특공무술이 초등학교남학생의 신체구성과 골밀도에 미치는 영향, 석사학위논문 강원대 교육대학원.

김인상(2003). 초등학교 체육교육의 문제점과 개선방안에 관한 심층적, 박사학위논문 경기대학교 대학원.

김의영(2000). 무도수련이 청소년의 가치관 형성에 미치는 영향. 명지대학교 대학원 박사학위논문.

김경화(2011). 특공무술 지도자들의 직무특성에 따른 직무스트레스가 조직효과성에 미치는 영향, 석사학위논문 한국체육대학교 사회체육대학원.

김명수(1992). 태권도의 스포츠 제도화 과정에 관한 연구. 박사학위논문 한양대학교 대학원.

김수영(2012). 디지털만화산업 활성화 방안에 관한 연구, 석사학위 논문 호서대학교 글로벌창업대학원.

김은정(2008). 특공무술의 개발과 발전에 관한 경호사적 함의. 학술논문 학술지한국경호경비학회지 15호 65p~80p 2093-5439 KCI 권호별.

김은정(2005).「경호무도로서 '특공무술'의 형성과정에 관한 고찰」. 석사학논문, 서울대학교 대학원.

______(2005).『구술사 : 방법과 사례』. 서울 : 도서출 선인.

김종혁(2009). 경호무도로서 특공무술의 활성화방안, 석사학위논문 경기대학교대학원.

김희송(2014). 5 · 18역사 왜곡에 대한 고찰 : 역사로서의 5 · 18에 대한 분석을 중심으로, 민주주의와 인권. 제14권 제3호 (2014년 12월), pp.5-35 전남대학교 5 · 18연구소 2014.12.20.

나영일(1994). 전통무예의 현황과 과제에 대한 연구. 한국체육학회지 제33권 제2호, 한국체육학회.

문원기(2010). 특공무술의 활성화 방안을 위한 전략적 연구, 석사학위논문 대불대 대학원.

박우란(2013). 교과교사에서 상담교사로 전직한 교사들의 동기와 상담활동에 대한 인식연구, 석사학위논문 동국대학교 교육대학원 상담심리학과.

박준석(2000). 한국 대학의 경호관련학과 교육과정에 대한 발전방안. 경기대학교 박사학위논문.

______(2003). 경호기법에 입각한 경호무도의 학문적 접근, 경호경비연구 제6호.

박태일(2011). 특공무술의 경호 우발상황시 적용방법, 석사학위논문 용인대학교 대학원.

반철환(2006). 특공무술 유단자들의 상해에 관한 조사 연구, 석사학위논문 군산대 대학원.

백봉현(2002). 한국민간경호산업의 발전방안에 관한 연구, 박사학위논문 동국대학교 행정대학원.

서상렬(2005). 국제테러리즘의 대응 구축방안, 경호경비연구 제9호, 한국경호경비학회.

이기식(2010). 웃음요가산업 실태와 발전방안, 박사학위논문 목포대학교 대학원.

이령경(2012). 그들은 어떻게 '간첩'이 되었나? : 재일한국인간첩조작사건 재심과 7명의 가족사를 통한 고찰, 역사와 책임. 제3호 (2012년 7월), pp.111-149 민연주식회사 2012.07.31.

이미미(2012). 교사의 지식, 왜 중요한가 : 역사 교사 양성과 재교육에 있어서의 지식 문제 고찰, 역사교육연구 = Studies on history education. 제16호 (2012년 11월), pp.203-240 한국역사교육학회 2012.11.30.

이만형(2013). 秦·漢 芻稿稅의 起源과 特徵 考察, 역사와 경계 = History & the boundaries. 제89집 (2013. 12), pp.269-300 부산경남사학회 2013.12.31.

이병익·김병천(2000). 우리나라 무도의 현황과 과제에 관한 연구, 대한무도학회지.

이상원(2005). 민간경비원 교육훈련 프로그램 개발에 관한 연구. 한국공안행정학회보 제19호. 한국공안행정학회.

이상철(2004). 경찰·경호직 종사자 무도교육 발전방안. 경호경비연구 제7호. 한국경호경비학회.

_____(1998). 호신술 훈련의 무도적가치, 용인대학교 무도연구소저 제1집 1호.

이상철·김태민(2004). 한국 민간경비원 교육훈련 프로그램 개선방안에 관한 연구. 경호경비연구 제8호. 한국경호경비학회.

이시찬(2013). 역사와 소설의 경계에 대한 고찰 : 〈荊軻傳〉과 〈燕丹子〉를 중심으로, 中國文學硏究. 제53집 (2013년 11월), pp.51-76 韓國中文學會 2013.11.30.

이성진(2000). 무도에 나타난 도덕성 회복. 대한무도학회지, 2권 1호, 31-42.

이성진·안창식·윤종대(1999). 무도의 본질에 관한 연구. 한국레져스포츠 학회지. 3권, 3-18.

위형윤(2013). 한국실천신학의 정립역사에 관한 고찰, 신학과 실천 = Theology and praxis. 제36호 (2013년 가을), pp.7-38 한국실천신학회 2013.09.20.

임신원(2006). 경호무도의 생활체육활성화 방안에 관한 연구. 석사학위논문 국제문화대학원대학교.

양재열(1994). 경호의 기본적 이론에 관한 연구, 연세대학교 행정대학원 석사학위 논문.

_____(2005). 대통령경호시스템의 변화와 개선방안 연구, 명지대학교 대학원 박사학위 논문.

염상국(1997). 요인 경호시 근접경호원에게 요구되는 행동이론에 관한 연구.

경희대학교 행정대학원 석사논문.

예대완(2011). 특공무술 수련아동의 교육적 변화가 만족도에 미치는 영향, 석사 학위논문 용인대학교 대학원.

윤공화(1996). 무도 특성에 따른 인성의 변화에 관한 연구, 한양대학교 대학원 체육학과 박사학위 논문.

장기봉(2001). 미국 대통령경호제도에 관한 고찰, 경호경비연구, 4: 299~318.

______(2007). 뉴테러리즘의 등장과 이에 대응한 국가 네트워크 전략, 박사학위논문, 대구대학교 행정대학원.

장은석(2009). 특공무술 수련이 중고령자의 생활만족도에 미치는 영향, 석사학위논문 한국체육대학교 사회체육대학원.

전병관 · 김홍석(1999). 청소년의 무도수련과 자아효능감, 스트레스 및 자아실현의 인관관계 탐색, 한국체육학회지, 38권 4호, 280-294.

정삼현(1996). 한국 무도사 연구, 한국체육학회지, 35권 4호, 409-426.

정이혁(2012). 특공무술 도장의 서비스 품질과 고객만족 및 행동의도와의 관계, 석사학위논문 한국체육대학교 사회체육대학원.

조광래(2006). 산학 협력강화를 위한 대통령경호실 교육프로그램 확대 방안. 한국경호경비학회지, 227~224.

조성현(2009). 특공무술 수련이 초등학생의 신체구성 및 기초체력에 미치는 효과, 석사학위논문 군산대학교 대학원.

조한봉(2006). 경호산업 산재보험 실태에 관한 연구, 석사학위 논문, 동국대학교 대학원.

정주섭(2005). 경호원의 전문성 인식과 직업정체성 형성의 관계, 박사학위논문, 경기대학교 경호학과.

전상숙(2014). 강제동원의 과거사 해소를 위한 역사 정치적 고찰, 아세아연구 = The journal of asiatic studies. 제57권 제3호 통권157호 (2014년 9월), pp.85-112, 261-262 고려대학교 아세아문제연구소 2014.09.30.

정성숙(2005). 경호무도 수련이 직무 만족과 조직몰입에 미치는 영향. 용인대학교 박사학위논문.

차인배(2014). 19세기 刑政風俗圖에 나타난 형벌의 특징에 관한 고찰, 역사민속학. 제44호 (2014년 3월), pp.177-214 민속원 2014.03.30.

최평길(1998). 국가원수 경호 관리 개선방안, 문교부 정책과제 연구보고서.

2. 외국문헌

Arnold, P. J.(1982). Three approaches toward an understanding of sportsmanship. In J. Boxill ed.(2003). Sports Ethics. MA : Blackwell Publishing.

Bagley, Paul D.(2007). Everything Guide Careers in Law Enforcement, Bagley.

Broder, James F.(2000). Risk Analysis and the Security Survey. Boston, MA;Butterworth-Hernemann.

Cunningham, William C. & Todd H. Taylor.(1985). Private Security and Police in America, "The Hallcrest Report", Portland: Chancellor Press, 204~205.

Derk Bodde(translated by) · Fung Yu-Lan(1952). A History of Chinese Philosophy Vo1.1 Princeton, Princeton University Press.

Douglas, John.(2005). Guide to Careers in the FBI. Simon & Schuster.

Dupont, Benoit.(2005). Trends in the Private Security Industry. Blurring Boundaries and the Search for Effective Regulation. Presented at the Fifth Annual Colloquium on Crime Prevention.

Fay, John J.(2001). Contemporary Security Management. Boston, MA; Butterworth-Heinemann.

Fenelly Lawrence.(1992). 'Security Applications in Industry and Institutions, Boston; Butterworth-Heinemann.

Goetz, J., & Lecompte, M. (1984). Ethnography and Qualitative Design in Educational Research. New York: Academic Press.

Harowitz, Sherry L.(2000). A World of Possibilities. Security Management, January 2000.

Ishiko, T. and Kurimoto(1973).Two studies on the ICSPFT test battery. In Proceedings of the ACSPFT and the ICSPFT-1972, Wingate Institute.

John W. Creswell(2008), Qualitative Inquiry and Research Design(질적 연구 방법론 다섯가지 전통), 조흥식 외 3명 공역, 학지사.

Ludwig, Jens.(2000). 'Gun Self-Defense and Deterrence', Crime and Justice.

Merriam, S. B. (1988). Case Study Research in Education: A Qualitative Approach.

Ortmeier, P. J.(2005). Introduction to Security. New Jersey: Pearson.

Oscar Ratti & Adele Westbrook(1973), Secrets of The Samural, Charles E. Tuttle Company.

Patton, M. (1990). Qualitative evaluation and research methods(2nd ed.). Newbury Park, CA: Sage Publications.

Robert J. Fischer & Goin Green.(1992). Introduction to Security.

Seymour Kleinman(1989), 동서 체육사상의 만남, 김창룡외 3명 공역, 보경문화사.

Spradley, J, P. (1980). Participant observation. New York: Holt, Rinehart & Winston.

Weiss, M.R.(1987). Self-esteem and achievement in children's sport and physical act D. Gould & M.R. Weiss(Eds.), Advances in pediatric sportsciences: Behavioralissues(pp. 87-119), Champaign, IL: Human Kinetics.

Williams, Jesse F(1948), The Principles of Physical Education, Philadelphis: W.B. Saunders Co.

Werner. O. & Schoepfle, G. M. (1987). Systematic Fieldwork, Newbury Park: Sage Publications.

Yuchtman, E. & Seashore, S. E.(1967a). "Factor Analysis of Organizational Performance," Administrative Seience Quarterly. 12(3), 377-95.

3. 인터넷

http://www.specialforces. net/

http://www.special operation.com/

http://www.specwarnet.com/

http://www.airpower.maxwell.af.mil/

http://www.training.sfahq.com/

http://www.army,go.kr/

http://www.blackberet.net/

http://noworld.pe.kr/speciality-russia.htm

http://kilijio.namom. net/

http://www.dapis.go.kr/

http://www.chosun.com/w21data/html/news/

4. 기 타

월간 중앙

월간 북한

국방일보
디지털 조선
한국일보
육　본(1988) 교육참고 7-7-8 전쟁사례연구 제4집
육　본(1994) 걸프전쟁 분석
육　본(1994) 한국전쟁과 유격전
육　본(1995) 교육참고 31-24 특전부대 정찰감시
육　본(1996) 교육참고 30-9-1 적을 알자
육　본(1998) 야교 31-36 특전작전부대 전투기술 IV(통신)
육　본(1999) 야교 100-1 지상작전
육　본(1999) 야교 31-1 특수작전
육　본(1999) 야교 31-20 특수부대작전
교육사(1991) 교육참고 100-5 걸프전쟁 분석
교육사(1991) 교육참고 110-5 걸프전쟁 전훈분석
교육사(1994) 교육회장 94-3-7 지상감시장비운용
특전사(1986) 특수전 사례집
특전사(1992) 세계의 특수부대
특전사(1999) 특전부대 40년사
합　참(1995) 합동교범 3-4 합동 특수전
합　참(1999) 합동 VISION 2015 특전부대 정찰감시
특전여단(1995) 정찰감시교육훈련지침서
육　대(1984) 교육참고 2-1 한국전쟁사
김선한(1994) 람보와 바보 1, 2. 예음사
김선한(1998) X 세계의 특수부대 비밀전사들 상, 하. 디지털에프케이
이도상(1989) 전장환경과 특공작전. 병학사
국방부 전사편찬위원회(1988) 비정규전 전사(1945-1960)
국방부 군사연구소(1998) 비정규전사II(1961-1980)

국가정보원. http://www.nis.go.kr.

경찰대학교. http://www.police.ac.kr.

대통령경호실. http://www.pss.go.kr.

사이버경찰청. http://www.police.go.kr.

국가정보원. 대테러 정책연구 논문.

경찰청. 경찰백서(2000-2007).

국방부. 국방백서(2006-2007).

대통령경호실. 백악관 20년.

국가위기관리학회지. 국가위기관리학회.

대한무도학회지. 대한무도학회.

한국경호경비학회지. 한국경호경비학회.

한국공안행정학회지. 한국공안행정학회.

한국민간경비학회지. 한국민간경비학회.

한국비서학회회지. 한국비서학회.

한국융합보안학회지. 한국융합보안학회.

한국재난정보학회지. 한국재난정보학회.

이제는 말할 수 있다 : MBC 특별기획. 제54회, 8.18 판문점 도끼 사건 저자 명문화방송 시사제작국 문서유형동향/연구보고서 발행정보 MBC문화방송 2002년.

김종필 증언록(2015.9.4. 중앙일보) 78 전두환과 12.12.

청와대 경호가 '디지털 경호'로 거듭난다 국민일보 쿠키뉴스(2005. 11. 7).

베트남전쟁시 한국군의 해 · 공군 및 특수작전". 국방일보. 2011-03-08. 2012-3-16.

국가 대테러 활동지침

국가안전관련 법률

국가안전보장회의 법

경비업법, 경비업법 시행령

경찰관 직무집행법, 경찰관 직무집행법 시행령
대한민국 헌법
대통령 경호실법, 대통령 경호실법 시행령, 대통령 경호 안전 대책위원회규정
민방위기본법
재난 및 안전관리 기본법
청원경찰법, 청원경찰법 시행령, 청원경찰법 시행규칙
통합방위법
테러리즘관련법
김택수 구술증언(2004). 9.9.
대통령경호실(1990). 『대통령경호실 법령·조직변천사』.
__________(1993). 『대통령경호30년사』.
대통령경호실 606&27 전우회원(부대원) 구술증언(2013~2015)
오형근 구술증언(2004). 9.8. 육군특수사령부(1999). 『육군특수전발전사』.
이정균 구술증언(2004). 11.16.
장기오 구술증언(2004). 10.5.
제27특공부대(1982). 『대테러 특공작전』.
__________(1988). 『부대사(Ⅰ)』.
제5특여단(1980). 『특전무술』.
조선일보(1977). "각광받는 특공대". 10.30 : 4.
_______(1977). "베일속의 특공대". 10.23 : 3.
_______(1977). "여객기 납치범의 문제 -서독 특공대의 쾌거를 보고-". 10.19 : 3.
_______(1986). "군 특공무술 창안. 쪽 교인, 장기오 총무처장". 12.4 : 2.
특전사(1982). 「이정균 중령 행사 앨범」.
특수전사령부(1980). 『부대사』.

살다 보면
역사에 대해서 모를 수 있다.
그러나 역사에 대해서 모르고 있는 것보다 더 무서운 것은
역사를 잘못 알고 있는 것이다.
그리고 가장 무서운 것은 모르고 있다는 사실을 깨닫지 못하는 것이다.
또한,
잘못 알고 있는 역사를
그 누군가에게 교육하거나 전달하는 사람은
또 다른 범죄를 저지르는 것과 같다.
그리고
하늘이 뛰어난 재주를 내려줬다는 것은
세상에 좋은 일을 하라는 하늘의 뜻이다!
따라서
눈은 선과 악을 보고
냉철하고 차가운 머리로 선과 악을 판단하여
마음의 문을 닫지 말고 따뜻한 마음으로
자신을 낮추어 행동으로 행하라!

저자약력

염대관

학력/경력

경기대학교 경호보안학 박사
한국체육대학교 안전관리전공 체육학 석사
서울과학기술대학교 사회체육전공 체육학 학사
특수전사령부 특전부사관 모병18기 3차 임관
특수전 사령부 제3공수여단 특전요원 복무
대통령경호실 27특공부대 경호공무원 복무
국가정보원 국가정보대학원 산업보안과정수료
시민경찰, 시민명예기자, 안성시 태권도협회 부회장
전통무예 특공무술협의회 부회장
27sports school 대표
사) 대한민국 특공무술협회 대한민국 특공무술 연구소 소장
두원공과대학교, 국제대학교, 서해대학교, 전남과학대학교
강사, 겸임교수, 초빙교수 역임

논문/저서

민간 경호요원의 무도교육 실태와 발전에 관한 연구
경호무술로서의 특공무술 변천과정 및 발전방안 모색
잠재평균분석을 활용한 태권도 선수의 2×2성취목표성향 차이 분석
경호전공 대학생의 전공만족, 진로정체감 및 진로결정 자기효능감의 구조적 관계
경호원 직무만족과 조직시민행동의 관계에서 직무특성의 조절효과 검증
주특기 개론
대한민국 대테러와 경호 그리고 무술사

대한민국 특공무술 역사 연수 교재

2020년 05월 27일 인쇄

2020년 06월 01일 발행

발행처 : 사) 대한민국 606 & 27 전우회

사) 대한민국 특공무술협회

저 자 : 경호보안학 박사 염대관

지 원 : 김태일 부회장, 문인산 사무총장

협 찬 : 김태일 부회장